走近古典品人生

欧阳修：你若不醉，谁人能醒

武晓静·著

哈尔滨出版社
HARBIN PUBLISHING HOUSE

图书在版编目（CIP）数据

欧阳修：你若不醉，谁人能醒／武晓静著. —哈尔滨：哈尔滨出版社，2018.7
（走近古典品人生）
ISBN 978-7-5484-3769-7

Ⅰ. ①欧… Ⅱ. ①武… Ⅲ. ①欧阳修（1007-1072）- 传记 Ⅳ. ①K825.6

中国版本图书馆CIP数据核字（2017）第297941号

书　　名：欧阳修——你若不醉，谁人能醒

作　　者：武晓静　著
责任编辑：任　环　李金秋
责任审校：李　战
装帧设计：上尚装帧设计

出版发行：哈尔滨出版社（Harbin Publishing House）
社　　址：哈尔滨市松北区世坤路738号9号楼　　邮编：150028
经　　销：全国新华书店
印　　刷：哈尔滨市石桥印务有限公司
网　　址：www.hrbcbs.com　　www.mifengniao.com
E-mail：hrbcbs@yeah.net
编辑版权热线：（0451）87900271　87900272
销售热线：（0451）87900202　87900203
邮购热线：4006900345（0451）87900256

开　　本：787mm × 1092mm　　1/16　　印张：12.5　　字数：135千字
版　　次：2018年7月第1版
印　　次：2018年7月第1次印刷
书　　号：ISBN 978-7-5484-3769-7
定　　价：36.80元

序 言

人间诗词无数，才子辈出，但时至今日，中国文学史上却只有零星几个人能成为诗词的掌控者。

欧阳修，字永叔，少小失怙，自踏上求学之路起，独立与自强是他始终如一的选择。没有人的才华来自于天资，更没有人的成功来自于无心插柳柳成荫。一代文宗的盛誉，不仅是对他才华的肯定，更是对他品德的赞许。

词里的花柳青春，来自词人双眼看过的繁花、品过的月光、沉吟过的一缕幽思；词里的山河岁月，汇聚着词人抚摸过的亭台栏杆、观望过的章台春水，一词一句皆人生百味。

当初那个打马而过的少年，后来那个豁达洒脱的醉翁，还有时光尽头颍川白发苍苍的老人，都在诗词里凝成了琥珀般的镜像，照见了岁月里的每一个点滴。诗词，必先穷而后工。两袖清风，三起三落的人生里，欧阳修不浪费一丝光阴去沉痛，不花费一刻时间去懊悔，一切都有因果，一切自成人生。

走过的路，爱过的人，体验过的失去，得到过的荣耀，在人生的辉煌里也不过是诗词中金樽把酒、红袖相扶的醉意醺醺。低谷的境况里，人烟渐渺，转身相望，泼墨山水依然在侧，山歌野趣此刻在怀，何必再思其他，何苦糟蹋这不再回来的时光？不如醉去，且歌且行，山水之中尽真意也。

一粥一饭皆是人生，一词一句皆是华年。藏书一万卷，卷卷尽是史书遗策，挥毫泼墨间，史书大家已成，唐宋尽在笔下；金石遗文一千卷，观牡丹，刻金石，人生自有其归处，随遇而安的人生里，点滴志趣皆成学问。琴一张，哪需笙歌，哪管浅唱，一任心事随白云；棋一局，也有对弈，也有独研，世事皆在棋局新；酒一壶，金樽木碗，皆是一醉，老友门生天下知；醉翁一个，老来白发如新，文章历来千古事，得失从来唯心知。

从永叔到醉翁，从文章太守到六一居士，论宋词，欧阳修三字已然足矣。

目录

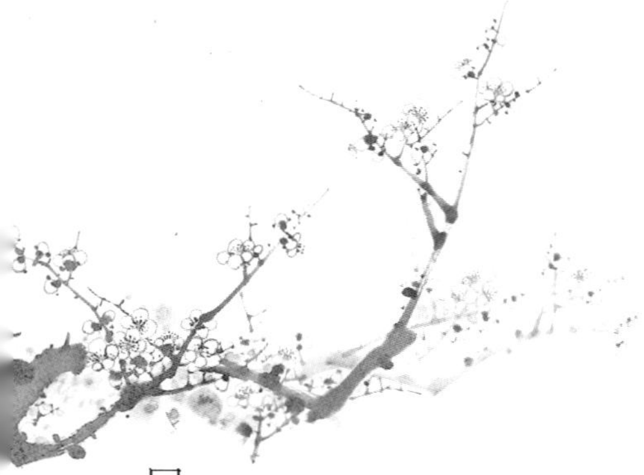

目录

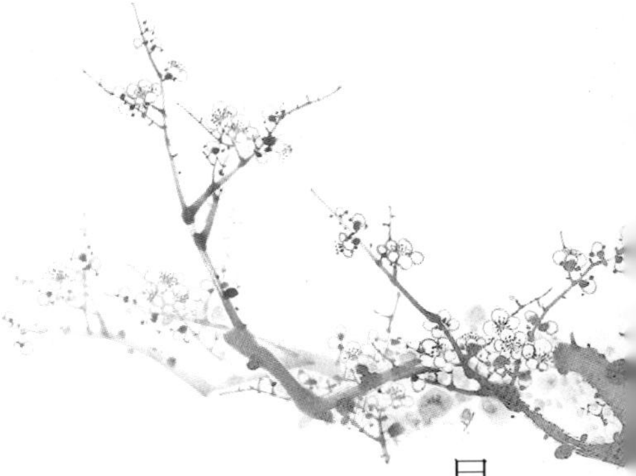

目录

第一章

有泪无言，有一种努力叫别无选择

隐隐歌声归棹远

“开一代新风，逾四世不朽”，这是后人对他的评价。他继承了韩愈的文风，当之无愧成为了“唐宋八大家”之一。他也是“千古文章四大家”之一，自称为文章太守，笔下成就的《醉翁亭记》，几乎成中华文明之绝唱。而他建起的平山堂，不仅是苏轼几番泪下回忆恩师昔日教诲的所在，更是中华文明里的文化地标。

时至今日，因为他，醉翁亭依然游人如织，人们只盼在俯仰之间再回味他曾经的风流文章。岁岁年年，他只在扬州待了一年，但他建起的平山堂不但是康熙、乾隆每次南巡必去之地，更是无数文人墨客心中的圣地，人们无不以继承他当年在平山堂诗酒唱和的传统为荣。自他开始，宋词书写了中华文化瑰丽的诗篇；自他出现，这段历史在文化的映衬下千年不朽。

而这一切，只缘于一个名字：欧阳修。

北宋景德年间，一座简洁的院子里，里屋正忙成一团，外面的屋子里，一位着青衫的男子正在焦急等候。这座小院带着四川特有的建筑特色，院子里树影斑驳，夏日的阳光正透过树枝投影在院里的青石板上。院里、屋里的各种摆设实用而妥帖，处处显露出女主人的贤惠和家境的殷实。此时女主人郑氏正在里屋生产，通过青衫男子的神色可知生产并不顺利。

在男子和仆人焦急的等待中，里屋终于传来了一声响亮的啼哭。人的一生是从自己的啼哭开始，也将在别人的啼哭中结束。青衫男子此时听这啼哭声简直感觉其宛若天籁。欧阳观花白的头发激动得颤抖起来，皱纹早已经出现的眼角此时也笑成了一条线。他是真心高兴，时年已经 56 岁的他在知道有这个孩子存在之时，就一直非常期待。

“老爷，老爷，是位公子。”喜悦的心情瞬间感染了所有人，仆人们大声贺喜，夏日的阳光衬着婴儿的啼哭，院子里喜气洋洋。这个院子已经多久没有听到婴儿的啼哭了？很久以前欧阳观和郑氏有过一个孩子，也是这样的天气，也是这样的心情，也是这样满院子的欢声笑语。他看着那个孩子从啼哭到睁眼，小小的眉眼慢慢长开，开始会笑、会闹，肉嘟嘟的小嘴开始咿呀学语，白如莲藕的小手好奇地摸着他的胡茬。他和妻子一边聊着天，一边想着要为他买笔墨纸砚，还要给他再做一副长命锁。

院子里的日子从夏过到冬，言笑晏晏的夫妻俩欣喜地看着孩子一点点长大。时光从冬又变成春，孩子黑白分明的大眼睛好奇地看着迎春花，好奇地看着屋檐下的黄鹂鸟。只是还没过完夏天，孩子却不行了。那样痛苦而无奈的时光欧阳观至今依然不愿意回忆，看着花骨朵一样的孩子慢慢枯萎，在病痛的折磨下原本胖乎乎的白净小脸儿慢慢变得黄瘦。已经快学会叫阿爹的孩子就这样没了。

每一个孩子都是一朵花，有些花长大结出了果实，陪伴父母一起到老。有些花却在成长的过程里莫明枯死了，徒留父母在世上看着那朵曾经的花哀伤泣血。第一个孩子周岁未到就没了，自那之后，欧阳观的妻子郑氏便难展欢颜。她是在恨自己，也是在恨这命运。因为命运无从捉摸，所以她只能恨自己，但这恨也不知道如何了结，缠缠绵绵便成了一桩心事。欧阳观内心隐痛更甚，他只字不提那个孩子，一年又一年只与妻子相依为命。

阮郎归·雪霜林际见依稀

雪霜林际见依稀。清香已暗期。前村已遍倚南枝。群花犹未知。

情似旧，赏休迟。看看陇上吹。便从今日赏芳菲。韶华取次归。

林间依稀见到些冬末雪霜，清香已是暗入。前村看尽向南枝，群花还不知其开放时期。情如昨日，观赏莫要误了时间。“看看陇上吹”，从今日起观赏芳菲如此，韶华依次赏。品清香，看花开，相伴随行，如此韶华最是美好。

郑氏内心一直难受，但她知道丈夫对自己的心意。自从上次孩子没了之后，送子观音似乎忘记了欧阳观一家，只留下两人年复一年相濡以沫。郑氏能做的就是殷勤地打点家里家外的事务，年年看着院子里花开花落，生命似乎沉默了。

在欧阳观 56 岁之时，郑氏奇迹般地有了身孕，确认有孕时夫妻二人几乎是泪流满面。这么多年来的相处，郑氏知道丈夫从不曾在子嗣上多言半句。这一生，她嫁了个重情重义的好丈夫，但越是这样，她反而越想要给丈夫再生个孩子。只是强求不得，待到几近绝望之时孩子终于来了，那份欣喜是渗入骨髓的。

新生命的到来让这个院子里充满了乐趣，空气里似乎都充满着奶香味。欧阳观给自己这个来之不易的孩子取名欧阳修，字永叔。没有其他加官晋爵的大愿望，温文尔雅的夫妻二人只愿自己的孩子修身养性，长命百岁。也许在生命的最初，我们的父母都对我们寄予过太多的期望，为我们的未来想过太多的方向，但行至人生暮年的欧阳观，对孩子只有最朴素的心愿——修身安康。

活到了一定年岁，所以明白人世间太多追求都是枉然。不如让孩子照着自己的样子成长，每日快乐安康，这便是为人父母最大的心愿。

这是一种智慧，也是一种从容。如果欧阳修早出生十年，父母对他的期望也许就是另一副模样。但此时欧阳修的父母没有其他想法，只要孩子修身养性，身体健康，平安一生也就很好了。小小的欧阳修在父母充满爱意的目光中慢慢长大，知书达礼的母亲对他既温柔又严格。她对这个孩子几乎抱有一种感恩上天的心情，但同时她也明白，珍惜并不意味着一味宠溺。母亲持家有方，家里处处妥帖，家风严谨而温和。欧阳修在这样的氛围下一天天长大，小小年纪就已经学会惜老怜贫。

父亲欧阳观年纪已大，一生随和而安静的他，在宦途上平稳而波澜不惊。对于欧阳修，父亲更多的是一种守护。他不是一位严苛的父亲，他也不奉行棍棒教育。对于孩子，他很愿意亲近，当孩子向自己飞奔过来时，他大力抱住，感受着孩子的依赖之情。他也不是一位处处强调男子气概的父亲，他对欧阳修的喜爱是打心底里的。只要忙完了公事，他总是尽可能地多抱一会儿、多亲一会儿。在欧阳观的心里，这就是天伦之乐，这才是珍惜老天恩赐应有的恭敬态度。

在欧阳观59岁那年，朝廷任命其为泰州判官。调令一下，举家迁徙。欧阳观看着自己家的院子，心中万分不舍又万分感慨。在这里，曾经有孩子的一笑一语，也有妻子每日收拾家务的点点滴滴。也是在这里，欧阳修出生了，带来了满院子的欢声笑语，而妻子，这位陪伴了自己许多个寒暑的女子，也在这个院落里经历了太多悲喜。

郑氏自从有了欧阳修之后，整个人的气色好一些了。多年的夙愿得偿，心结悄然化解，这个贤惠而温柔的女子散发出了一种宁静而谦和的气质。抱着欧阳修的她，看着自己这处院子，看着院子里自己的丈夫，这一生，她觉得依然是幸福的。欧阳修年纪尚小，还不知道父母即将带着自己远行，他拉着母亲的头发，自顾自地把玩着，黑白分明的眼睛里满是乖巧和聪慧。

欧阳观夫妻知道，这一走，这一辈子也许再也没有回来的机会了。

有时我们怀念过去并不是因为过去有多么美好，只是因为那段日子、那座城市、那个院子，留下了我们生命的痕迹。生命如水流过，岁月倏忽而逝，霜侵白发，回首便是再也无法重来的曾经。我们失去了某些，得到了某些。在时光的陪伴下依然能在一起的我们，已经得到了命运的厚待，拥有了莫大的福祉。

车轮滚滚，欧阳观一家踏上了去泰州的路。

一到泰州，欧阳观严谨而儒雅的行事作风便体现了出来。他是一位官员，每日要处理的案件多如牛毛。每一个经手的案件，欧阳观都尽最大的努力去查找可能的疑点。无他，只因欧阳观认为，自己每个书写下去的字都是对他人命运的判定。因为关乎他人命运，所以轻易不能马虎。如此劳心而细致的工作贯穿了欧阳观的一生，郑氏已经习惯了每日书房里传来的叹息声。她知道，那是自己的丈夫在遍寻疑点而不得之时发出的叹息。而在欧阳修懵懂的记忆里，常常看到的就是自己父亲轻轻皱起的眉头。欧阳观每当要判定案件时，都会反复推敲所有的细节，看是否存在冤枉，是否量刑过重。从内心深处来说，欧阳观是一位践行着“仁”字的君子，他并不愿意用刑罚来拘束人的行动。他相信，只要生活足够美好，没有人愿意去犯法，更没有人愿意去自讨苦吃。

而此时的欧阳修已经当了哥哥，恩爱的父母为他带来了一个妹妹。欧阳观一家的生活似乎终于圆满。日复一日的自省修身，让欧阳观在工作上更加谨慎，爱民如子的性格也让他在泰州很快被人们所接受，所爱戴。可惜的是，人生总是有意外发生。

也许是水土问题，也许是年纪已大，也许是积年的操劳与劳累早已让欧阳观的身体虚弱了下来。欧阳观在泰州染上了重病，他的孩子一个才三岁，另一个才三个月。儿子声声呼唤着父亲，但欧阳观却日复一日越加憔悴不堪。桌子上还有他挂心的公事，院子里坐着他牵挂的儿女，身边是妻子担忧的眼神。欧阳观舍不得这人世，舍不得这个家，舍不得就这样离去。他还没有看到儿女长大成人，他还要为妻儿遮风挡雨，他还要挽着妻子的手一起看着孩子读书识字。

只是，命运不允许。欧阳观病重身亡，留下他放心不下的妻子和一双稚龄儿女。正如欧阳修后来写的：

浪淘沙·万恨苦绵绵

万恨苦绵绵。旧约前欢。桃花溪畔柳阴间。几度日高春垂重，绣户深关。

楼外夕阳闲。独自凭阑。一重水隔一重山。水阔山高人不见，有泪无言。

心中万千仇恨，苦情绵绵。再一次相约时已是往昔欢笑。“桃花溪畔柳阴间。”曾几何时，几度日头高照春深垂幔，绣户紧闭，庭院春深。只有楼外夕阳悠闲，一个人凭栏而望。一重山又隔开一重水。山水往复，如此深远。山高水阔却再也见不到那个人，眼底有泪，心中无言。

如此深情，自此无人可诉说。最是难挨处，寻遍这世间万千山水，也找不到心中那个挂念的人。阴阳两隔，再多深情，也只有黯然无言，“独自凭阑”，也无可追忆。

只有失去才会感叹拥有的可贵，而真正的失去会让人有泪无言，不可名状。从此走过再高的山峰，蹚过再深的河水，也找不到自己的父亲。幼年失怙，不仅是一种苦痛，更是一生的隐伤。只是这个小小的孩童此时还不能懂，而在他长大成人后的每一天，他都会慢慢醒悟这一段无法弥补的缺憾。

薄幸未归春去也

当命运向你掷来苦难和痛苦时，除了正面迎战，全无其他选择。郑氏，一位贤惠而勤劳的妻子，当丈夫逝去后，内心的悲痛来不及抒发，她要面临的就是儿女的安置问题。无数的小说与列传里写着深情厚谊的夫妻誓死不愿分开，一人死，另一人则追随而去。但在真实的生活里，多年的相濡以沫让郑氏清楚地知道，再难过也要把儿女带好。

清商怨·关河愁思望处满

关河愁思望处满。渐素秋向晚。雁过南云，行人回泪眼。双鸾衾裯悔展。夜又永、枕孤人远。梦未成归，梅花闻塞管。

关河愁思到了远望处，似乎已被溢满。秋天雁过南云时，便是行人泪眼回看之时。曾经的鸳鸯被里，如今一人孤枕一人已经远去。梦里还没来得及见到那个人回来，清寒梅花香中，塞管悠悠，又是一夜无眠。哪怕再想念，失去之后也无法得到。任凭再多的思念与梦想，梦不到的地方，斯人依然回不到身旁。一夜无眠之后，依然要起身，依然要咬牙把日子过下去。

这便是别无选择。当时的郑氏已经失去了经济来源，儿女太幼小，家里的钱财支撑不了坐吃山空的生活。而当时的妇人即使出去谋事干活，也只能是做些绣活养家，而那点钱财完全不能支撑起儿女的教育问题。但是，哪怕在这样的时刻，郑氏也内心咬死一口气，她要完成丈夫的心愿，把儿女好好养大，教他们知书达礼，教他们礼义廉耻。而在当时的她看来，这简直就是无法完成的任务。

带着一双儿女，出身没落望族的她面临着人生最大的困苦。只是坚强而温柔的她不曾在儿女面前表露半分，她与丈夫一样，都是温柔平和的人。欧阳修跟着母亲，他还不太明白为什么父亲再也醒不过来了，但是温柔的母亲说，记住父亲的样子，然后去投奔叔叔吧。小小年纪的欧阳修已经开始明白自己母亲的情绪，他认真地履行父亲对自己交代的话，听母亲的安排，跟着母亲去投奔远在湖北的叔叔欧阳晔。

郑氏不是没有想过自己带孩子，但是那个年代，她一人不可能负担得起孩子的开销。而且她清醒地知道，只有母亲的家庭必然是不完整的，自己的孩子需要一位男性长辈来教导他们成人知礼，欧阳晔就是这样一位既受人尊重又足够重情义的长辈。

雨中花·千古都门行路

千古都门行路。能使离歌声苦。送尽行人，花残春晚，又到君东去。

醉藉落花吹暖絮。多少曲堤芳树。且携手留连，良辰美景，留作相思处。

依然还是有思念的吧。欧阳晔家的扶助让郑氏和孩子有了一处可归的家园。她看着一路车辙行迹，渐渐地离自己的丈夫越来越远。离开的是与丈夫一起生活过的点滴，离歌声声苦。行人映着落花，春已晚，又到离别之时。“多少曲堤芳树”，如此良辰美景，一一印在自己的心里吧，一路行来，一路思念。

人生便是如此，再多的离别与失去，也只能扼腕。因为生活依然要向前走，愁无数，花好却愁春去。在自己与丈夫眼见着花好月圆之时，丈夫的生命却戛然而止。千万莫匆匆，却已经匆匆。思念无尽处，却再也找不到那个依靠。而怀里的儿女却依然在声声唤爹娘。

路途漫漫，今天的我们已经无法知道当时郑氏的心情，千里投奔的颠簸，夹杂着对丈夫的思念和哀伤。生活就是这样把人逼入死角，在我们看见幸福的时刻，它却夺走了我们生命里所有的阳光。郑氏在欧阳观家尽心尽力多年，此时抱着儿女的她，哀戚的面容上是让人无法忽视的沉痛。欧阳晔看着远道而来的嫂子、侄儿、侄女，想起自己的兄长，内心更是难受。

吩咐妻子快快收拾好院落让嫂子和孩子们住下，欧阳晔仔细地看了看欧阳修和他的侄女，发现孩子们继承了兄长的儒雅和温良，虽然年纪不大，但是非常聪慧乖巧。郑氏安顿下来之后，每天和家里的女眷一起做些力所能及的活计，努力补贴家用。她知道欧阳晔也只是一位地方上的小官，衣食虽不愁，但接济自己一家之后，也需要精打细算才能过日子。

不得不说，欧阳晔一家和曾经的欧阳观一家何其相似，都是重情义而又体贴的人家。为了让兄长的家眷尽可能地过得舒心一点，欧阳晔的夫人每日借着绣活的机会与郑氏聊天，开解她，就怕郑氏过于悲痛而伤了身子。欧阳晔更是有机会就抽出时间来教导欧阳修，他知道这是兄长最后的骨血，即使自己的能力不足以让其平步青云，但至少要把自己所知所学倾囊相授。同一个屋檐下，两家人的相处和睦而温馨。

可以说是不幸，也可以说是幸福。欧阳修三岁失怙，但却在温柔而坚强的母亲的保护下来到了叔叔家里。郑氏是一位内秀的人，她深知丈夫对欧阳修的期待。在三岁后，欧阳修就在母亲的教导下开始识字。只是识字的费用太昂贵，如果欧阳观在世，自然可以全力负担起欧阳修的学习。但此时叔叔家因为他们的到来已经有些入不敷出，再谈教育自然是没有条件也没有能力。

郑氏并不埋怨，也不难受，她只做自己能做的事。牵着孩子，没有纸就找块沙地，没有笔就找根荻秆。不需要墨，不需要砚，郑氏一笔一画地在沙地上教欧阳修认字。写了又擦，擦了又写，日复一日，在沙地上，在芦苇丛里，在鸟鸣虫飞的环境里，郑氏完成了对欧阳修的启蒙教育。

只是这样的启蒙教育也是需要找时间的，每天郑氏要先把家里的活计做完，才能在临近傍晚的时候给欧阳修找一处沙地一笔一画教他写字。女儿抱在怀里，手上是洗衣做饭积累的老茧，她一躬身一弯腰，尽可能端正地教孩子写字。不似别的孩子在教书先生那里一开始就学会了起笔走锋，郑氏只能教会孩子笔画顺序，教不了孩子其他。

在这样的环境里，欧阳修学会了一个又一个字。母亲的耐心和温柔让他把写字视为最温馨的活动，而聪慧的欧阳修也显示出了良好的悟性。一个字不需要过多的重复，欧阳修就能记住读音和笔顺。也许这便是家庭教育的区别吧，遇到同样的境况，有些人选择怨天尤人，有些人选择默默努力。郑氏对待苦难的态度深深地影响了今后欧阳修的处世观。

人生不可能不遭遇痛苦与挫折，但是面对困难的态度却决定了人性的走向。乡邻们看着这一对母子困苦中的坚守，既佩服郑氏的贤良，也感叹于欧阳修的聪颖。欧阳修与母亲在沙地边的启蒙教学在后来的日子里成了欧阳修记忆深处最为甜蜜的回忆。母亲的温婉和气度不仅让欧阳修拥有了一个平静而幸福的童年，也在欧阳修的性格里注入了乐观积极的底气。

郑氏出身于没落的望族，对于教育自有方法。对于欧阳修这个孩子，她更多的是希望他成长为一个有气节、有教养的男儿。她希望自己的孩子阳光上进，乐天达观。母亲每日的劳作让欧阳修看到了坚忍和勤劳，而叔叔一家的尽力帮扶也让欧阳修领会到了血浓于水的亲情。每日路过沙地的人都会好奇地观望这对母子之间的互动。郑氏并不会让欧阳修学习太久，她每天只教一点，其余时间就让欧阳修自己玩耍。

圣无忧·珠帘卷

珠帘卷，暮云愁。垂杨暗锁青楼。烟雨濛濛如画，轻风吹旋收。

香断锦屏新别，人闲玉簟初秋。多少旧欢新恨，书杳杳、梦悠悠。

“书杳杳、梦悠悠”，简单六个字，似乎是欧阳修在多年后描摹了自己母亲的心境。那时的母亲依然在思念父亲吧，所以才会对生活那样坚忍。再多的磨难，再多的物是人非，也阻拦不了母亲的爱意。“烟雨濛濛如画，轻风吹旋收”，轻风一阵，吹散了思念，她把对丈夫的思念化作了对儿女的管教，一字一句教孩子们认字知理。

在沙地里学会母亲每天教的字之后，母亲会抱着妹妹陪他玩一会儿。沙地里有欧阳修想象中的山河，想象中的风景，更多的时候是欧阳修自己领会的道理。郑氏欣喜地看到，欧阳修不仅领悟力强，而且对于书本有着天生的喜爱。她教孩子写字，只是为了让他尽可能地有教养。但欧阳修一天天长大，沙地里他画画、堆沙子的时间越来越少，主动提问的时间反而越来越多。

此时的欧阳修已经开始在字词之外渴望接触到更多的知识，他越来越渴望知识。可是郑氏却犹豫了。孩子的向学之心固然可贵，但是在那个时代，书本是非常昂贵的。以他们现在的家境，想要专门给孩子去买书看几乎是不可能的事情。但孩子明亮的眼睛里分明闪烁着对知识的渴望，郑氏内心几乎要滴下泪来了。

让郑氏想也想不到的事发生了，一直以来观望着他们母子教学的乡亲们伸出了援手。人们早已知道了郑氏的贤惠与温良，年复一年的沙地荻秆学习也让人们知道了欧阳修的聪慧与向学。乡野中好心的读书人主动给欧阳修提供了借阅书本的机会。郑氏十分感激，总是交代欧阳修敬惜字纸，不可涂抹损坏书本。欧阳修小小年纪已经明白了这些好心人的善意，一本接一本地阅读了大量的书籍，并且开始尽可能地爱护书本。借给他书的人往往发现还回来的书本会被这个聪明善良的孩子修补一新，边边角角都处理得方方正正。

慢慢地，好心的读书人开始尽可能地匀出一些纸和笔墨给欧阳修，让他去抄书。一开始郑氏怕孩子没接触过这些笔墨纸砚，会白白浪费了他人的一番好意，于是每每在夜晚都亲力亲为帮欧阳修抄书装订。很快，欧阳修就发现母亲疲惫的双眼已经负荷不起这样的工作，他坚定而果断地接过纸笔，开始自己抄书。叔叔欧阳晔家中藏书不多，但他把书房向侄儿开放，家里已经有的书不需要欧阳修再抄阅，得空的时候欧阳晔还会给欧阳修讲解书中的深意。

书中自有黄金屋，书中自有颜如玉。大量的抄写与借阅让欧阳修积累起了丰富的知识。文字的浸染、诗书的熏陶让他更加了解生命和生活的本质。这个孩子孝敬母亲，尊重长辈，爱护幼妹。而在学习上他更是不需要大人督促，自觉地去读书与识字。当其他的孩子还在疯玩打闹的时候，欧阳修已经在书本的海洋里自由畅享。也许过早失去父亲让欧阳修的幸福从此缺失了一块，但也正因为这一块的缺失，让这个孩子早早地就懂事明理。

摸鱼儿·卷绣帘

卷绣帘、梧桐秋院落，一霎雨添新绿。对小池闲立残妆浅，向晚水纹如縠。凝远目。恨人去寂寂，凤枕孤难宿。倚阑不足。看燕拂风檐，蝶翻露草，两两长相逐。

双眉促。可惜年华婉娩，西风初弄庭菊。况伊家年少，多情未已难拘束。那堪更趁凉景，追寻甚处垂杨曲。佳期过尽，但不说归来，多应忘了，云屏去时祝。

绣帘轻卷，梧桐院落里，秋意深重。对着小池看着残妆浅淡。已是向晚时分，水纹如圈。远望去，恨人去，空留寂寞。一人孤枕，倚着栏杆无心睡眠。此时燕子飞入帘，蝶飞入沾着露珠的草地，两相追逐，自有一片天然意境。双眉紧蹙，年华又是一年。西风来时，菊花开放。凉景如斯，佳期过尽，再难回来。满心的思绪，也无法遗忘，难以回想。

幸福从来没有固定形态，自己的母亲依然每日努力做事补贴家用，叔叔婶婶也尽力帮扶，一家人温馨而努力地把日子过得和和美美。只是在午夜梦回之时，欧阳修还是会想念自己的父亲。拥有父亲的那三年，是他一生再也回不去的美梦。在父亲的怀抱里，他可以任性，可以撒娇，他仿佛还记得父亲胡茬硬硬的触觉，似乎还能想起那个院子里父亲来回踱步的神情。

只是天亮一睁眼，他拥有的只有母亲、妹妹和叔叔一家。越是长大，他越是想念自己的父亲，想念那份没来得及细细体会的父爱。因为曾经失去过，所以他比常人更用力地抱紧自己现在的一切。欧阳修就在这样的心境里，一天天长大。

叶有清风花有露

一朵花在未绽放之前，没有人知道它为绽放付出了多少努力。一个人在未发光之前，也没有人知道他在黑暗中坚持了多久。欧阳修在叔叔家的帮衬下，得以安稳长大。体贴的叔叔为了让他可以一心一意地读书，根本不让欧阳修插手其他家事。他看到了这个侄儿的才能，也明白自己的能力有限，所以他能做的就是尽可能地为侄儿打造一个自由成长的空间。

郑氏更是竭尽所能地为孩子提供学习的条件，她知道对于欧阳修这个年纪的孩子来说，玩耍是天性，但自己的孩子却能在别人疯玩疯闹之时静下心来学习、抄阅，这份心境已经不是一般人能拥有的了，而且欧阳修并不是为了学习而学习，他是真正感受到了学习的乐趣，真正明了学习的本质。或者说，别人在玩乐中快乐，而欧阳修在学习中快乐。

童年的欧阳修没有太多欲望，他就只是想要更多的书。此时的他毛笔字已经练得不错了，因为家境原因，他能用的纸都是些粗糙的草纸。但每一次的抄写，他都尽可能地写小一点，写端正一点，这样一来，同样大小的一张纸，他可以写更多的内容。大家闺秀出身的母亲，一针一线地把孩子写好的纸装订成册，按压平整，细致地装进孩子的书箧中。他天资聪颖，又刻苦勤奋，往往书不待抄完，已能成诵。

此时的他有一个玩得好的小伙伴，也同样是一个爱读书的孩子——李尧辅。李家不同于欧阳家，李家是城中的大户人家，家中藏书颇丰。李家很欣赏欧阳修的上进和懂礼，只要是欧阳修过来借阅，无一不可。欧阳修也非常珍惜这样的机会，对借来的书籍珍爱有加，不敢损坏半分。

可以说，欧阳修的教育是在众人的关爱下完成的：母亲的坚持让他拥有了识字启蒙的机会，而叔叔的支持则让他拥有全力读书的机会，李家的借阅则让他能进一步在书籍的海洋里寻找自己的心中所爱。在那个年纪里，同龄的孩子都在寻找更有趣的游戏玩法，只有欧阳修一心寻找着读书的机会，而这个世界也让他拥有了读书的机会。

有一句话叫作如果你知道去哪里，那么全世界都会给你让路。欧阳修在那个年纪里并没有受到棍棒教育，母亲的温柔与坚强却让他明白了更深层的人世道理。他在读书中明了事理，也在阅读里结交好友。那时的李家位于城南，院落大，家族大。欧阳修常和李尧辅去的地方是李家的东园。两人喜欢读书之余在东园里寻找新的世界，园林美景，院落秋千，两个小伙伴的欢声笑语里夹杂着对学问的探讨。

李尧辅性格和欧阳修一样，都是热爱读书且一心喜欢学问的孩子。两个人志趣相投，又谦逊知礼，不仅是欧阳修常去李家，李尧辅也经常跑去欧阳家找他。如果在读书的过程中遇到了新的问题，两人必定会找个时间好好研究一下，互相辩论，互相学习，学问精进的同时，在一天又一天的相处里，两人的友情变得更加浓厚，互相引为知音。

少年游·去年秋晚此园中

去年秋晚此园中。携手玩芳丛。拈花嗅蕊，恼烟撩雾，拚醉倚西风。

今年重对芳丛处，追往事、又成空。敲遍阑干，向人无语，惆怅满枝红。

《少年游·去年秋晚此园中》，这是欧阳修后来所作的词。忆起曾经秋天傍晚在此园中畅玩的情形。小伙伴一起携手看芳丛。拿着花仔细闻嗅，一腔拼醉向着西风吟诵。如今再来到这里，再思往事，全部成空，无言之处，只能看着满枝花朵，惆怅伤春。年少时的情谊总让人难以忘怀，在欧阳修的记忆里，李尧辅的存在让他感觉幸福与幸运。人在年少时，能遇到一位志同道合的朋友，能相伴相游，也是莫大的福分了。

这一天，李尧辅又邀请了欧阳修来家里玩，还有其他几个小伙伴也一起过来了。他们一起商量着去捉迷藏，欧阳修也积极响应。李尧辅和欧阳修一样，都是喜欢读书又会享受生活的人，但是欧阳修在读书方面天分更高，只要是他抄阅过的书，不用读两遍，就能完全背诵下来。有时李尧辅都觉得自己这个好伙伴真是太厉害了，所以在学问上两人有时是你追我赶的态度。

捉迷藏的过程中，几个小伙伴很快就散落在了李家东园的角落里，不知去向，但这次李尧辅在藏的过程中突然大声叫了起来。小伙伴们都冲了过去，以为发生了什么意外事情。欧阳修离他最近，第一个跑上去护着自己的朋友。李尧辅兴奋地指着一个没人留意过的角落，大声地说："看，那里面是不是有一个夹层。"

小伙伴们猎奇的心几乎都亢奋了，这可是以前从来没注意过的地方呀。大家七手八脚地把夹层里的东西拖了出来，掀开盖在上面的棉布，里面一层又一层地摞着好些书。原来这是一个被人遗忘的书筐！最兴奋的当属欧阳修和李尧辅，两人几乎是一跃而起，扑上去翻找是否有自己感兴趣的书。

其他的孩子也都是些爱读书的，一看这两个书疯子的状态，心想，这样子可不行，这书非得翻坏了不可。他们直接就把两人拦住了，这一提醒，两人才意识到自己的行为不妥，于是合力把书筐挪了出来，一本一本地整理出来，也不玩捉迷藏了，每个人都像淘宝一样找自己感兴趣的书。人外有人，天外有天，也许正是说这群孩子吧。看过了书箧里的书之后，哪怕只是翻看了书皮，一群人已经发现这是一个大宝藏。

不知是何缘故，一位爱读书的人把自己的书箧放置于此，却被粗心的仆人忘了收拾，这才成就了今天孩子们的惊奇大发现。后来李尧辅也问过自己家里的长辈，应该是很久之前，家里接待过的大儒留下的。当时的大儒受到李家的礼遇，于是在李家暂歇了几天，也许是临走之时大儒的仆人一时错漏，把书箧遗漏了。

李尧辅后来把这其中的因由告诉了欧阳修，欧阳修十分感慨，他以为李家的藏书已经足够多了，谁知道大儒的一个书箧就已经刷新了自己的世界观，人外有人，天外有天。李尧辅小心地把这次翻找出来的意外宝藏收拾进了自己的书房，自此之后，欧阳修与他经常在书房里待上一整天时间，只为了看其中的书。教导李尧辅的夫子也看过这些书，连连点头，只吩咐万不可轻易损坏了这些书，毕竟是他人遗漏，虽然年代已久，原主人不会过来寻要，但是这些书的确是好书，要李尧辅小心保存，多看多记。

而此时李家也很看重欧阳修，在李家的长辈看来，欧阳修年纪虽小，家境一般，但是胜在天资聪颖，家教甚好。欧阳修的母亲郑氏是当地有名的贤良妇人，以一己之力抚养儿子女儿，家教良好，知书达礼。再加上欧阳修的叔叔欧阳晔在当地的官声也不错，可以说欧阳修一家在当地颇受尊重，并没有因为家境原因而遭受歧视。欧阳修一心向学的态度更是让李家长辈称许，李家并不是所谓的暴发户，他们更看重子女的教育问题和修养问题。

欧阳修与李尧辅的交好让李家很放心，因为出身于大户之家的李尧辅自小衣来伸手，饭来张口。而接触到欧阳修之后，李尧辅对于家人更多了一份亲近和感恩，行事举止更加懂事明理。可以说，近朱者赤，近墨者黑，欧阳修磊落的君子之风继承自父亲的基因，而其母亲坚强有度的行事作风让他更有了超越年龄的聪慧。这一些特质，和欧阳修交好的李尧辅身上也开始显现。良师益友，所以李家上下对欧阳修颇为礼遇，李家长辈也对欧阳修颇多指点，欣赏之情人人皆见。

而郑氏这边，对于自己孩子的心性最为清楚。欧阳修是一个交友只看重性情的人。李尧辅的性格平和，没有富家之子的骄纵，两人的相处之中多能看见他对欧阳修的照顾和爱护。而欧阳修在学问上的长进却是李尧辅所不能及的，两人可以说是相互扶持、相互进步。郑氏每当看见欧阳修把李尧辅带到家里来做客，都是尽自己所能地招待这位小客人。简朴而不失礼节的招待让李尧辅也把郑氏看作是重要的长辈。

也许很多人认为交友必须看重门当户对，但很多时候，只要两者志同道合，心性一致，哪怕是门不当户不对，也能拥有值得守护一生的友情。欧阳修与李尧辅也是平凡的小孩，也会有争执和吵闹。但两方的家人都开明而豁达，两人的友谊反而是随着年岁的增长而越发深厚。只是越到后来，两人争执辩论的焦点就越集中在学问之上，但往往此时只能找夫子，夫子一番调解之后，两人都能从对方的观点中受益甚多。

自此次发现藏书之后，欧阳修与李尧辅在学业上的精进更让人欣慰。良师益友，很多时候郑氏都亲自教导欧阳修如何去与益友相处，如何去辨别朋友，而聪慧的欧阳修也很明白，能与自己一同进步、一同学习的朋友便是益友。对于李尧辅与李家长辈，欧阳修是感激甚至感恩的，因为没有李尧辅，他不会知道什么叫真正的友情。而没有李家长辈的大度和开明，他也不可能在这样的家境和年纪里阅读到如此丰富的藏书。

这便是人与人的区别，在苦难中，也许有一万个声音在告诉你不可能成功，不可能成才。但总有一个声音在引导你，找到自己的路，找到自己心中所爱，一步一步坚持前进，自然会收获真诚的友情，收获千金难易的成长。

看柳意，偏从东面春风至

每一年都有无数的英才学子诞生，但真正能成为栋梁之材的却寥寥无几。《伤仲永》的故事人皆晓之，但年年这样的例子层出不穷。很多时候，我们不是缺少聪慧，也不是缺少条件，我们只是低估了自己的毅力，也低估了自己的能力。所以，人世间最痛苦的并不是失败，更不是挫折，而是四个字：我本可以。

我本可以靠自己的努力功成名就，但我放弃了。我本可以向自己心中所爱再进一步，但我因为自卑怯懦了。我本可以在最后的机会里让父母微笑一次，但因为各种原则，我错过了，然后此生再也没有机会重回那段时光。这便是人世，欧阳修有着足够的聪慧，也有着足够的幸福，他有着过目成诵的天资，也有着一心一意支持他的母亲和亲人，他更有视他为知音、提供藏书给他阅读的好友李尧辅。

但天资与才华之间，永远都需要一个词：努力。正如想到与得到之间，还需要做到。欧阳修的苦读生涯并不比别人多半分甜蜜。如果说曾经的他是享受着读书的乐趣，而年岁越长，他就越能体会到“吾生也有涯，而知也无涯”的感触。每当他认为自己对于学问已经有一定认识时，新的书籍、新的视角都会再次让他感慨自己的渺小。

玉楼春·春山敛黛低歌扇

春山敛黛低歌扇。暂解吴钩登祖宴。画楼钟动已魂销。何况马嘶芳草岸。

青门柳色随人远。望欲断时肠已断。洛城春色待君来，莫到落花飞似霰。

春山如同低下的眉头一样，解下吴钩时宴席已经开始。画楼钟响，魂早已销。更何况此刻离人的马已在芳草岸嘶鸣。青色的柳似乎随着人的眼光逐渐变淡。看到尽头时肠已断。此时洛城的春色如此之美，只等君来。只希望君早日到来，莫等到落花如飞春已晚之时才相见。

也许每个人都会有这样的感叹，在自己的领域已经做得够努力了，但是看到外界新生事物时，才会发现原来自己的想法早已有人想过，自己的做法早已有人尝试过。大千世界，多的是像自己这样的人，人人所称赞的天资并不是自己所独有。很多人在习惯了自以为是的沾沾自喜之后，接受不了这样的落差。他们不愿意承认自己也是普通人，所以一辈子故步自封，成为眼界狭小的人。

但更有人在看见新的世界之后，反而奋发图强，向着自己心中的圣地努力。只想再接近一点，再接近一点，接触更多的国学大儒，接触那些看起来闪闪发光的人。而这部分人，将会吃更多的苦，受更多的罪。他们会发现，自己的天资其实并不值得一提，他们需要付出更多的汗水才能找到机会。而往往也是这部分人，最后成为了闪闪发光的人。

此时的欧阳修已经快十岁了，在那个时代里，十岁的孩子已经可以说是小大人一个。但是在当时的读书人圈子里，十岁的孩子只能算是完成了启蒙教育。因为当时的科举制度更在意的是考生们的思维能力，在意的是这些读圣贤书的学生是否能经世济国。所以科举试题考的多是对圣贤书的理解和悟性。而此时的欧阳修在这方面已经得到了老师的认可，他的习作词赋文章，文笔老练，有如成人。

因为年少懂事，所以对于人生的各种感知总来得比旁人要敏感一些。相逢知几时，看过太多的文章歌颂青春年少，但是谁又能真正在青春年少时享受应有的欢乐？总是在迷茫，总是在徘徊，因为看透了自己，所以看透了成人的世界。

一个快要十岁的孩子，写出来的文章居然有如成人，这是最大的褒奖，也是最深刻的知世事。欧阳修的叔叔欧阳晔在他的身上看到了振兴欧阳家的希望，他劝慰自己的嫂子："嫂子不必担忧家贫子幼，你的孩子有奇才！不仅可以光宗耀祖，他日必然闻名天下。"

也是在这个年龄，欧阳修接触到了影响他一生的书籍——《昌黎先生集》。人世间每一种相逢都可以说是久别重逢，正如欧阳修的词所言：

玉楼春·檀槽碎响金丝拨

檀槽碎响金丝拨。露湿浔阳江上月。不知商妇为谁愁，一曲行人留夜发。

画堂花月新声别。红蕊调长弹未彻。暗将深意祝胶弦，唯愿弦弦无断绝。

檀槽碎声响，金丝如拨。此时露湿浔阳，江上明月升。只是不知商妇是为了谁在哀愁，一曲传来行人止步听。画堂花开，月柳新声。如花蕊一般的手指拨着琴弦。此时暗将心中深深情意藏在弦中，只愿这相遇如弦声，一弦接一弦永远不断绝。如久别重逢一般的相遇，一旦相遇就不忍分别。

文字里的相遇似乎跨越了千山万水的阻隔，也许倾其一生，都无法再有昌黎先生此人。昌黎先生，即韩愈，又号五柳先生。作为唐代古文运动的倡导者，被后人尊为“唐宋八大家”之首，与孟郊并称“韩孟”，有“文章巨公”和“百代文宗”之名。而欧阳修也是在此时终于接触到了他的文集，一见倾心。

欧阳修通过阅读《昌黎先生集》，了解到了韩愈一生的为人。强调文以载道、知行合一的韩愈甚合欧阳修的心意。只是当时欧阳修拿到的这本文集由于年代久远，已经残破不堪，有些内容已经丢失。但是即便如此，欧阳修还是在这本文集里找到了自己内心的归宿。

也许人生就是如此，横隔着数百年的光阴，依然接触到了那时那人的所思所想，那个人已经不可能再相见，但思想却是如此相同。也许此生无法彻夜长谈，但是至少可以反复诵读文集，感受其留在人间的最后一丝痕迹。自此之后，欧阳修视韩愈先生为知己，视其文章为自己的内心所想。

“叶有清风花有露”，欧阳修多年后再回首就会发现，自己将在千年后被追思为与韩愈齐名的大家。伟大的灵魂总能跨越千山万水，一起完成彼此之未竟的心愿。欧阳修的叔叔并未错判，这位少小有才名的侄子，的确是欧阳家最大的骄傲。

在那个重视家族传承的社会里，欧阳修的聪慧与才名让家族里的长辈欣慰至极。但是能力有限的家庭已经付出了所有的支持，欧阳修日后的发展都需要他自己用才学去争取。身后辛劳的母亲、一直默默帮扶的叔叔婶婶，都成了欧阳修成长之路上最温馨的家人、最温暖的港湾。而此时的昌黎先生，却成了指引欧阳修进取的灯塔，他的文风与人生观被欧阳修一生敬重和追随。

第二章

曲折应试，才华里的汗水与故事

清晨帘幕卷轻霜，呵手试梅妆

承载着家人的希望，背负着自己的使命，人生的方向早已注定。

那个时代的人们，简单淳朴地相信努力终会有收获。面对世俗的诱惑，认为“书中自有黄金屋，书中自有颜如玉”。对于欧阳修来说，出生后的人生岁月里，努力活着的目的就是读书，读圣贤书。而他的天资与乖巧，也让自己的母亲和家人心怀甚慰。他就如一张白纸，全由母亲与家人书写。

那时的读书人，最大的成就就是考取功名。当时的文风华丽，应试入仕者需要写出非常精彩的骈文才可以过关。但是欧阳修从本质上来说，性格乐天达观，不喜繁辞重藻。而他从识字到如今，基本上都是靠自己摸索，没有老师专门教导他如何去应试，如何去备考。

从他的偶像也可以看出来，欧阳修喜欢的是像昌黎先生那般文风质朴、有着自成一派人生态度的大家。可惜此时的欧阳修自己未觉，家人也没有察觉这其中的差异。一个爱好简朴文风的读书人，要面对华丽的骈文，其中的难度可想而知。但欧阳修一直以来的才名掩盖了一切，所有的人把希望都投向了他，甚至已经有人开始恭喜欧阳夫人，有这样才华出众的儿子，必然会有一个幸福安康的晚年。

终于到了欧阳修上京应试的这一天。

早早地准备，殷切地期待，整个欧阳家族为了这一天都等待了太久。

那时读书是一种享福，也是一种给家人的负担。劳动力效率低下的时代里，家境一般的人家如果要供养出一个读书人，那是一件相当有难度的事情。因为一个壮年劳动力代表着温饱，代表着勤劳。而读书是一件看不到确切未来的事情，没有人知道是否能顺利考中，如果没有考中，那么家庭势必要付出相应的代价。

欧阳修十几年的读书生涯是母亲的起早贪黑的劳作换来的，自父亲死后，家里没有了固定的生活来源，叔叔家的支持恒久而艰辛，欧阳修斗志昂扬地走上了考试的路，他知道，这是他作为欧阳家男人必然要走的路。正如他写过的词：

望江南·江南蝶

江南蝶，斜日一双双。身似何郎全傅粉，心如韩寿爱偷香。天赋与轻狂。

微雨后，薄翅腻烟光。才伴游蜂来小院，又随飞絮过东墙。长是为花忙。

江南蝶，起舞不停，翩翩而飞，天赋与轻狂是人生无法抛弃的两种矛盾。该词第一部分写出蝴蝶的形态与翩跹的姿态，四处奔忙，落句于轻狂。而到了第二部分，写出了蝴蝶忙碌的情态，与蜂同飞，与飞絮同飞，处处见它的身影，处处见它忙碌。哪怕内心轻狂，其实都只是为花而忙。

一路才名，一路马不停蹄地读书识记，母亲从盼望着其健康成长，到逐渐寄予厚望。人生就是如此，承担了他人多少付出，总有一天需要用同等的回报去报答。母亲一生辛劳，守着欧阳修长大，为了让其读书试过了千万种方法。而没有人的时候，记忆里快要模糊的父亲形象时常出现在欧阳修的心里。也许没有退路是最好的选择，欧阳修除了奋力向前，没有其他捷径与选择。十几年如一日，“长是为花忙”。

天圣元年，16 岁的欧阳修初次应试。

在那个时代，16 岁已是当家立户之龄。那是欧阳修人生第一次出远门，第一次看到外面的世界。他像一枚青涩的果实，第一次接受人生的检验。叔叔一再叮嘱着注意的事情，母亲默默地为他准备着出行的包裹。这一次，是对寒窗苦读十几载的一次彻底检验，也是欧阳修人生里第一次失败。

出行前揣着的《昌黎先生集》没有带给他好运，他落榜了。

渔家傲·荷叶田田青照水

荷叶田田青照水。孤舟挽在花阴底。昨夜萧萧疏雨坠。愁不寐。朝来又觉西风起。

雨摆风摇金蕊碎。合欢枝上香房翠。莲子与人长厮类。无好意。年年苦在中心里。

没有人知道，一个 16 岁的少年如何去应对人生第一次失败。在他仅有的人生经验里，人人都认为他天资高，认为他将是欧阳家崛起的希望。他像往常一样用着词，写着自己的文章。但这次迎来的不再是赞赏，而是落榜。

痛苦的他不知道问题出在哪里。“朝来又觉西风起”，无眠的夜晚，无尽的思绪，“雨摆风摇金蕊碎”。碎的不仅是花蕊，还有他年少的心。回到家的他，似乎还没有反应过来，告诉了家人这个消息，内心的苦闷与彷徨早已经无处宣泄。“莲子与人长厮类。无好意。年年苦在中心里。”

也许出发前的欧阳修还稚嫩得像没有经过风吹雨打的绿叶，而落榜回来之后的欧阳修已经成为了一颗无处诉衷肠的莲子，“年年苦在中心里。”回家看到的每一棵树、每一片叶、每一朵花，似乎都是内心凄苦的莲子。他心中泛苦，眼含泪光，却只能独自咽下。

那时的他还太年轻，不知道才华是需要包装的天赋，只知道用自己的意愿去展示才华。但是天下有才华的人千千万，冲着应试而去的不知几何。欧阳修此时还没有察觉自己的性情与文风的不同，他痛苦地品尝着落榜的苦楚，但天性乐观的他，已经开始思索如何应对下一次考试。

可惜的是，生活从来不会为了某个人的意愿而改变脚步与节奏。

渔家傲·青女霜前催得绽

青女霜前催得绽。金钿乱散枝头遍。落帽台高开雅宴。芳尊满。挼花吹在流霞面。

桃李三春虽可羡。莺来蝶去芳心乱。争似仙潭秋水岸。香不断。年年自作茱萸伴。

花开时节霜前催花，枝头开遍。在落帽台高处举行宴席。酒杯满，风吹过后，花落在醺醺然的脸颊上。桃花、李花开满枝头，美丽堪羡。香不断，每一年都只能自做茱萸伴。如果选择了努力，那么就要接受一切的后果。每一种选择，正如每一种花开。李花、桃花自不如牡丹之美艳，但其结出果实之时却胜于其他花开。坚持自己，坚守自己选择的路，绽放属于自己的人生花开。

岁月是公平的镜子，它从不为任何人的成功或者失败而驻足。岁月如水，流逝的青春里，失败也好，成功也罢，“年华容易即凋零”。一切的努力并不会因为付出的多就受到尊重，哪怕是年年苦学，如果没有金榜题名，一样是一文不值。而与一文不值一起来到的，就是自己饱受质疑的自信心。

“年华容易即凋零，春色只宜长恨少。”年华似水，没有机会去迟疑与反复，失败就是失败。欧阳修一语不发，继续在母亲慈爱的目光下默默攻读。“池塘隐隐惊雷晓，柳眼未开梅萼小。”在没有绽放的时候，就选择隐忍与低调，在没有得到机会的时候，就选择蛰伏与等待。

天圣四年（1026年）欧阳修再次进京赶考。怀揣着母亲为他求来的平安符，身穿着母亲一针一线缝制的布衣，欧阳修19岁了。三年的攻读让他内心再次鼓起希望，第一次的失利已经放下，对一个19岁的人来说，失败是再正常不过的事情了。欧阳修向往过不为五斗米折腰的生活，但他的心却不可能在未体会成功之时就甘于平淡。

才华是一身难以抖落的骄傲，它让欧阳修鹤立鸡群，也让欧阳修独自品尝着人生的失落。乡邻们的祝福声似乎比第一次来得迟疑一些，也许是希望越大，失望越大。人们心中才华横溢的才子，有过一次失败的经验，似乎人们都会小心地避开那个话题，只祝福他一路平安。

一个人在成功中也许只能学会不堕落，但在失败中却一定会学会自省。因为自省是失败最大的成功之处。欧阳修认真地分析了自己上次落榜的原因，当时北宋文人爱好骈文，他的骈文却在文采与气势上还有进一步提升的空间。而他请教的夫子也一再向他强调，应试不同于自己作文。

年轻的心再一次鼓起勇气，看着再一次出现在自己眼前的贡院，欧阳修内心不同于第一次的激动，更多的是一种笃定。应试的举子们聚集在一起，一个个都在谈着可能出的题目。寒窗苦读十余载，终于在这一天可以扬眉吐气。对于每个人来说，这一天都是一个改变命运的机会。欧阳修也在其中，按秩序排队，验明身份，找到座位，拿到试题，欧阳修一字一句仔细斟酌。

考试的时间如此漫长又如此短暂，天黑了又明，明了又黑。等到宣布时间到，欧阳修已经把自己的文章来回看了几次。这一次，他不再像去年那样担忧怀疑，而是信心百倍地走了出去。因为准备得太久，所以已经知晓自己这次的表现如何。欧阳修认真地避开了自己去年犯下的错，仔细分析了试题，用“最科举”的方式写出了自己的观点。为了更贴合考官的心意，他甚至开始有意识地侧重辞藻的使用。他相信，自己这样的文章达到了要求，接下来，就等待放榜了。

放榜的那天，鞭炮齐鸣，无数人从街道尽头聚拢过来，看着官差张贴皇榜，举子们蜂拥而上，瞬间就把放榜处围得水泄不通。人人都睁大眼睛找着自己的名字，也有热心肠的人大声喊着榜上的名字。每个被念到的名字音调的起落都代表着一种人生的崛起。

欧阳修，再次名落孙山。

金针线线功难敌

名落孙山，最难过的不是看见他人高中，最难过的是走上回家的那条路。

欧阳修带着自己的痛苦与迷惘收拾行装，回到了自己的家乡。母亲等着他，她早已知道了消息，也明白自己孩子的心情。一切皆在无言中，母亲依然未提他语，只牵挂欧阳修的身子有没有因为长途跋涉而受累。赶考已是那样累，她相信自己的孩子已经尽了全力。

19 岁，需要面对的是那样大的阵仗。母亲知道自己这么一大把年纪都应付不来，何况 19 岁的欧阳修呢？这次拿榜首的人，个个比欧阳修年岁大，她只认为欧阳修需要再历练。

每一个母亲的言传身教直接决定了孩子的性格和未来。欧阳修的达观与乐天，正是来自于母亲的潜移默化。欧阳修的母亲是一位坚强而贤惠的女人，在她的心里，夫是天，儿也是天。但她却并未失去自我，对于欧阳修这个孩子，母亲并不溺爱，甚至管教上相比其他母亲要更严格。

欧阳修从小家境并不好，很多时候，他都只能看着别的孩子玩最新奇的玩具，看最新的戏曲。他要帮助家里做事，稍大一点有机会读书，每天母亲忙完回来，他要恭恭敬敬地为母亲背诵一遍今日所学的知识。母亲在油灯下的面容、诗书里的智慧，如春雨滋润，培养出了一个知孝道、懂礼仪的欧阳修。

越是这样，落榜的痛苦越深刻。欧阳修几日闭门不出。母亲每日忙完自己的活计，都会看到欧阳修房里的灯依然未灭，纸篓里是他默写出来的应试文章。欧阳修几乎不眠不休，仔细查找每一字每一句的纰漏和不完美。母亲观望了两日后，写了一张纸条，放在了欧阳修破旧的书桌上。

此时的欧阳修每日除了按时向母亲请安和吃饭，余下的时间都是在研究自己的应试文章，母亲的纸条让他恍然大悟。字条上写着小巧而娟秀的一行字："学而不思则罔，思而不学则殆。"欧阳修终于明白了母亲的苦心，自古功到自然成，如果只是凭自己的推敲就可以明白失误在何处，那其实就等于是闭门造车。

欧阳修走出门去，开始寻找能帮助自己的老师和前辈。几番查找，诚心求教，乡里长者相互推荐，欧阳修得以认识胥偃。正如他后来写的

定风波·把酒花前欲问公

把酒花前欲问公。对花何事诉金钟。为问去年春甚处。虚度。莺声撩乱一场空。

今岁春来须爱惜。难得。须知花面不长红。待得酒醒君不见。千片。不随流水即随风。

因为内心苦闷，无处倾诉，寻找不到答案，又走不出纠结。"学而不思则罔，思而不学则殆"，如果自己找不到答案，那么世间高人无数，走出来才能找到答案。哪怕人生再痛苦的事，在光阴之下，也终是一场落花成空。在自己能把握之时，去寻找答案，去寻找人生。此时的欧阳修，不愿随流水，更不愿随风，最不愿的则是光阴虚度。

胥偃正是看中了欧阳修的上进与谦虚。

欧阳修的才名，胥偃早就已经有所耳闻，知其幼年丧父，由贤惠的母亲带大，识字习文，小小年纪写出的文章老练如成人，却又有着年轻人可贵的朝气。因为受过苦，生活简朴，所以行事作风谦虚，上进踏实，却命运不济，两次应试均名落孙山。胥偃知道应试是一件掺杂着运气的事情，他亲自看了欧阳修的应试文章，文章质量不错，用词练达，观点老到，只是在行文风格上还需要打磨。

胥偃认定，欧阳修是一个难得的人才。亲自试过他的文笔，接触过欧阳修之后，胥偃更是认定了这一点。胥偃决定，保举欧阳修就试开封府最高学府——国子监。这正是欧阳修苦寻多年的机会。同时，欧阳修在胥偃的指点下，了悟了自己的短处，并很快就交出了让胥偃满意的答卷。

浣溪沙·湖上朱桥响画轮

湖上朱桥响画轮。溶溶春水浸春云。碧琉璃滑净无尘。

当路游丝萦醉客，隔花啼鸟唤行人。日斜归去奈何春。

整首词阳光明媚，诗情画意。“溶溶春水浸春云”，澄澈如琉璃。游人醉客，鸟声啾啾，行走处，碧空如洗，柳叶游丝，处处风光醉人。用词简洁而画面丰满，寥寥几字，春季如画的美景跃然纸上。没有如诗般的好心情，怎能写出这样美好的词句？

承载着母亲的祝福与期望，欧阳修再次出发。因为胥偃的保举，欧阳修得以直接参加国子监的考试。国子监是天下学子向往之处，只要考试过关，生活上的一切费用都可以由国子监负责，同时还能纳入朝廷的人才储备中，直接参加解试。如此优厚的条件，自然是为了吸引最有才华的学子。而如此光明的前途，自然也有着残酷而严格的考试。

欧阳修没有迟疑，他越来越知道自己的能力，也寻找到了努力的方向。如此，他的心情如词中一般明媚，激动而坚定地向着自己的未来前进。到达开封府后，欧阳修认识了很多同学，他开朗而乐于助人的性格让他收获了很多朋友。在这里，多的是踌躇满志的同学，多的是一起为学问而奋斗的知己，欧阳修如鱼得水，写回去的家书都洋溢着满满的幸福感。

对于一个爱读书的人来说，再也没有比国子监更好的学习环境了。欧阳修并不是苦读的那一类人，他是完全乐在其中，享受着书籍的智慧滋养，感受着开封府热闹而繁华的景致。书斋里，埋首读书的是他，同窗聚会上，引经据典气宇轩昂的也是他。在他心里，能获得这样的学习条件，简直是不可幻想的美梦。此刻美梦成真，他的幸福感可想而知。

每一封写给胥偃的信，言辞恳切，语气恭顺，却字里行间都能体会到欧阳修的快乐，里面的字字句句都记载着欧阳修的感恩与勤奋。胥偃十分欣慰，他乐于扶持有潜质的青年，而欧阳修是最让他满意的一个。

渔家傲・粉蕊丹青描不得

粉蕊丹青描不得。金针线线功难敌。谁傍暗香轻采摘。风淅淅。船头触散双鸂鶒。

夜雨染成天水碧。朝阳借出胭脂色。欲落又开人共惜。秋气逼。盘中已见新荷的。

这首词中最出彩的一句便是“金针线线功难敌”。一朵花，连丹青都无法描画的美丽，却能在一针一线间如出水芙蓉一般呈现在大家眼前。越是精细的功夫，越能造就令人惊叹的效果。没有一挥而就的潇洒，多的是才华下一针一线的努力。欧阳修天资高，但天资高的人不知有多少。天资高，更需要一针一线的努力才能成就一番事业。

“夜雨染成天水碧。朝阳借出胭脂色。”一夜雨声淅沥，成就一池碧水荡漾。破云而出的朝阳为这一池碧水点染最绚丽的胭脂红色。词句清丽，哲思隐隐，通达而简洁，自然胜出凡篇不知几许。此时的欧阳修正如“新荷已见”，功到自然成。新荷需要在淤泥中经过长久的积累，顶住水、顶住风、顶住压力与考验，才能在秋气逼人之时见之于世。

这一年，欧阳修进入国子监。家乡的母亲此时依然不知欧阳修的确切情况，她只是每日默默积攒着些许钱，为欧阳修的将来做些准备。叔叔却依然如初地相信欧阳修的才华，不论欧阳修应试如何，叔叔从来只相信自己看人的眼光。他认为欧阳修继承了兄长难得的清贵，持身甚严，且自律自强，是欧阳家难得的人才。对于嫂子的贤惠，他也知之甚深，在这样的环境下，他相信自己的侄子终会得到与才华相匹配的待遇。每一封欧阳修寄回来的家书，欧阳晔在回信时都会鼓励支持，尽自己所能为远在开封府的侄子提供庇护。

而胥偃对欧阳修更是重视，每一封信里他都能察觉到欧阳修的成长与体悟。前两次应试的失败并没有打败欧阳修，反而让欧阳修学会了自省自察。这样的成长经历让欧阳修有了更深刻的心灵体验，他的行文风格更为练达，文章也获得了更多人的赞誉。

不出所料，同年秋天，欧阳修参加国子监解试，广文馆试，国学、解试均获第一名。

楼高莫近危阑倚

消息传到家乡，母亲几乎开心得掉泪，没有人比她更明白欧阳修为此付出的努力。越是受挫越是让母亲明白孩子成功的不易。而欧阳修在两次应试落榜之后，终于用第一名证明了自己。也许有人说，没有人在乎你曾经的失败，只要你最后获得了成功。但很多时候，人生就像一首没有韵脚的诗，你写下的每一个字，都可能会影响到你后面的诗句。

自小欧阳修就备受赞赏与鼓舞，即使家贫，即使条件有限，他还是在母亲与亲人的支持下得到了最好的对待。作为母亲，郑氏此时的开心只能是对孩子的心疼，没人知道为了今天这个第一名，欧阳修经历了多少。此时，千里之外的母亲与开封府的欧阳修都做了同一件事，向着欧阳观坟墓的方向郑重地点燃了一束香。

叔叔大喜过望，向着欧阳家的祖宗牌位重重叩首，他终于也算完成了亡兄的遗愿，为欧阳家培养出了一位人才。在那个时代，培养出一个读书人，需要付出的代价太多。才华终于得到了证明，这不仅让远在家乡的亲人们喜上眉梢，同时也大大地改善了欧阳修的处境。

绽放的花朵，人人惊讶于它的美丽，歌颂它的风华，却没有人看到它为了绽放而付出的血泪。欧阳修最为感谢的必然是胥偃，因为胥偃独具只眼，他才能有机会参加开封府的国子监考试。而这一切直接改变了他的命运。很快，欧阳修在国子监得到了先生的重视，对于勤奋而谦虚的才子来说，前途是光明而灿烂的，但欧阳修却并没有沉浸在赞扬声中，他开始了自己的闭关读书。

失败让人看清自己，而成功则让人看淡自己。因为前两次的失败，欧阳修现在无论是任何考试与学习，都是极其重视且谨慎以待。这是一种对于知识的尊重，更是一种对自己人生负责的态度。达观而积极的他，当然也没有一味死读书，一味沉浸于书本的世界。他的闭关，是一字一句研习自己学过的书、写过的文章。他相信，他的阅读量已经足够，接下来，是提升思想境界的时候。他为人中正而达观，情感的细腻在词中体现无遗。

正如他后来写过的一首清丽而温柔的词：

南歌子·凤髻金泥带

凤髻金泥带，龙纹玉掌梳。走来窗下笑相扶。爱道画眉深浅、入时无。

弄笔偎人久，描花试手初。等闲妨了绣功夫。笑问双鸳鸯字、怎生书。

字里行间，描述的是一对恩爱夫妻的日常之事。词人用词清雅，画面感强。只有内心充满阳光与温柔的人才能写出这样俏皮而温存的词。对于欧阳修而言，他有才华，却并不孤高。他通情达理，善解人意，所以能了解世情，知悉人间世故。一个人的词其实就是一个人的内心。在他的笔下，每一种相处都有其不能代替的美感与意义。这也让他写出的每一首词都让人眼前一亮，如温柔阳光洒下，风度翩翩的少年郎跃然眼前。

欧阳修是真正能理解并体会书本与生活联系之人。他心理越发成熟而理性，对于人生和成家立业的思考尤为深刻。在他心里，诗书是精神的养料，而生活则是诗书的养料。所以欧阳修此时的词已经具有了同龄人少有的知情达意，并不是那种“为赋新词强说愁”的矫情。

经历过失败与成功，此时的欧阳修对于人生的理解更为深刻。而随着交际圈子的扩大，他结交了更多优秀而独特的人。这些人源源不断地为欧阳修的成长输送着氧气与养分。对于欧阳修来说，朋友们的支持与鼓励，让他颇有“吾道不孤”之感。都是青年才俊，个个才华出众，此时聚在一起，自然生出许多雅事。

此时，欧阳修已经成为了同窗们心中的才子，大家公认其才华横溢。第一年，拿到三个“第一名”已经足以让人刮目相看而进入国子监的第二年，欧阳修在同窗之间的切磋和交流中更让人觉得其学识渊博。欧阳修慢慢进入了生命的第二个阶段：脱去了年少的稚气，开始变得从容而优雅，举手投足间有了明显的变化。谈书论道，欧阳修自是擅长，而其超强的记忆力，也让人佩服不已。

更多的人则看到了欧阳修的潜质，再过一年就是省试，很多人都认为欧阳修完全有能力拿到第一名。欧阳修却并不去猜测这些所谓的名次，年少得志固然是好，但他更明白自己的根在哪里。家乡的母亲是他的牵挂，家乡的亲人是他的思念，哪怕众人再多赞赏，他感谢，然后在背后付出更多的努力。

唯有一件事，他不谦虚——他对自己努力的信心。天资高的人，如果再付出卓绝的努力，自然会有着强大的自信心。这种自信心不是来源于他人的赞赏，也不是来自于旁人的掌声，完全是由于一步一步把错误全部试过，一步一步走出了自己想要的人生。因为这种扎实，所以欧阳修底气足，任何学问上的事，他不争长短，但每争必胜。但在很多人看来，这完全是一种锐气。

欧阳修并不是一个完全谦虚到失去自我的人，母亲的坚强与自信也感染了他。他厚待同窗，与人为善，但他并不会在学问方面去将就对方。对就是对，错就是错，学问来不得半点虚假。这种锐气让人佩服。

年轻而充满朝气，谦虚而不失底气，此时的欧阳修反而因为这种锐气成为了省试的大热门。

国子监的第三年，欧阳修终于迎来了自己的礼部省试。这一次，他的成绩是连中三元。

连中三元，说明他的确有了与天下学子一较高下的水平，而他的自信心也更为充实，写给母亲的信里，多的是欢喜与自信。母亲每每忙完自己的活计，收到欧阳修的来信，都是喜悦而快活地拆开。孩子懂事，不仅在开封府得到了他人的尊重，而且在国子监成为了众人称赞的才子。欧阳修在信中从来不说自己得到的赞赏，这些都是母亲在他人口口相传中得知。

叔叔自欧阳修赶赴开封府起，就已经发动了自己在开封府的人脉，哪怕官小言轻，也尽力为欧阳修张罗，只希望他能少吃点苦。而此时的欧阳修，才名已经传遍了国子监，得到信息的昔日相识都修书给欧阳晔，让他不用担心，他的侄儿完全有能力为自己谋一个光明的前程。

成长如拔节，每一阶段的成长都有故事。

踏莎行·候馆梅残

候馆梅残，溪桥柳细。草薰风暖摇征辔。离愁渐远渐无穷，迢迢不断如春水。

寸寸柔肠，盈盈粉泪。楼高莫近危阑倚。平芜尽处是春山，行人更在春山外。

也许还是有过心动的时刻吧，也许每个人的青春心事里，总有一个温柔的影子曾经掠过吧。也许只是词人善感的心灵，看见一个背影，就能想象出一个凄美的故事。一个独自站立在高楼上的姑娘，一个默默流泪的姑娘，如一片柔软的羽毛轻轻地落在了欧阳修的眼眸深处。楼那么高，栏杆那么脆弱，美丽的姑娘啊，你为什么要立在那里等待？远望去，春山远，比春山更远的是那个渐行渐远的人。

欧阳修的诗词哀而不伤，几个字就能带人进入一个梦一般的画面里。丰富而敏感的内心，优秀而出众的文学素养，这些欧阳修都有。如果说，来开封府之前的欧阳修只是一个独自努力的学子，那么来到国子监之后的欧阳修，就像春雨洗过的青竹，知晓了自己努力的方向，拥有着努力的资本与条件。这样的欧阳修无疑似一把出鞘的宝剑，才华如剑光，让人炫目。

那一夜，是抑制不住激动的一夜。欧阳修的母亲专门寄过来一笔钱，让欧阳修为明天的殿试做新衣服。欧阳修如往常一般拿着书，仔细地读着，身边是比自己小五岁的王拱辰。王拱辰性格活跃，才学扎实，为人正直，他与欧阳修相处得很好。这一夜，王拱辰拿着欧阳修新做的衣服调皮地试穿了起来，一边试一边说："我也当当状元郎。"

那时的国子监上上下下都认为，已经连中三元的欧阳修必然会在殿试上大放异彩，本次的状元郎非他莫属。所以王拱辰才开玩笑地把欧阳修明天要在殿试上穿的衣服拿出来试，年轻人的调皮心性就是要过过干瘾。看着王拱辰穿着明显比他身量大的衣服走来走去，欧阳修也被逗笑了，问他："什么叫也当当状元郎？"王拱辰振振有词地说："你肯定是明天的状元，你穿的衣服就是状元服，那我现在赶紧穿一穿，也享受享受当状元的感觉。"

欧阳修看着如此逗乐的王拱辰也只能任他穿着自己的衣服了。毕竟，人人都想当状元，欧阳修也想，而且，他对明天的殿试很有把握。

群芳过后西湖好

每一个扭转人生的日子，在当时看来都是平凡无奇。

转眼就是第二日。这一天，欧阳修早早就起来了，换上专门为了这次殿试而准备的新衣。他气宇轩昂，风姿出众，言行举止里是自然而然的自信与锐气。多年寒窗苦读，为了一个也许实现不了的梦想而努力奋斗。以他的出身，也许根本没办法在这样的场合挥斥方遒，万幸命运如此残酷但最终还是眷顾于他。回首自己走过的路，有风有雨，也有艳阳高照。欧阳修整整衣襟，走出门。清晨凛冽的空气里是年轻学子们的低声问候。

他们要去赴一场足以改变人生的考试。此刻，每一个站立在这里的人，都是付出了千辛万苦的努力的。不论是家世深厚，还是苦学不倦，不论是天资卓越，还是勤能补拙，这些年轻人每一个人都有着属于自己的奋斗故事。

每一个有资格站在这里的年轻人，身后都有着很多支持着他们的目光。立于此，欧阳修想起了自己模糊的童年，失去父亲时的他，才只有三岁，完全懵懂无知的年纪里，印象最深的就是父亲身上的味道。直到后来他长大才知道，那其实是多年伏案工作留下来的墨香。他长大后见过母亲专门收藏起来的父亲的各式墨砚，虽不名贵，但却依然有着父亲留下的痕迹。

也许母亲在独自一人的夜里也曾无数次地抚摸过那些砚台吧，所以才会不顾一切代价，不论吃多少苦，也一定要让自己识字念书。那父亲当年是否也是这样寒窗苦读数十载，也是在多年前的这一天，在这样的清晨里等待，为自己未知的命运而激动吗？欧阳修不知道，但他此刻无比怀念自己的父亲，在这里，每一处风景都是父亲见过的，每一步路都是父亲曾经走过的。

踏莎行·雨霁风光

雨霁风光，春分天气。千花百卉争明媚。画梁新燕一双双，玉笼鹦鹉愁孤睡。

薜荔依墙，莓苔满地。青楼几处歌声丽。蓦然旧事上心来，无言敛皱眉山翠。

“蓦然旧事上心来，无言敛皱眉山翠”，欧阳修写下这句话时，是什么样的心情？在人生得意之时，如春风雨霁，一切都即将得到回报之时，却悠然想起了自己的父亲、自己的母亲，这是一种让人心悸的回忆，更是一种让人瞬间成熟的力量。欧阳修看着经过的每一道门、每一扇窗，父亲当年是否也像他这样仔细而慎重地观看过这里的一草一木呢？

对于每一个有志气的青年来说，自己的所思所学能得到朝廷的器重，那便是人生的最高成就。欧阳修的母亲曾经只想着要培养出一个正直的孩子，而欧阳修的潜质则让他成为了一个有望为朝廷分忧之人。这样的潜质让欧阳修的母亲既欣慰又紧张，出身于大户人家的她，即使后来家境没落，她也一直教导欧阳修“莫以功名利禄为重，男儿应有自己的抱负”。

在这样的家庭教育下，欧阳修少了争名逐利之心，也就与其他的才子完全不同。在当时的国子监，他的才气与他的谦虚同样有名。他只服有才华的人，哪怕这个人毫无功名。而对于那种不学无术又地位高悬之人，他根本不与其结交。

这样的性格，让欧阳修拥有了很多同样初出茅庐的朋友，同时他也让一些人感觉其个性过于凌厉，太过锋芒毕露。“画梁新燕一双双，玉笼鹦鹉愁……蓦然旧事上心来，无言敛皱眉山翠。”对于欧阳修来说，隐约之间的约束他能感觉到，但是他却并不想改变自己，甚至是认为不需要改变自己。旧事上心来，一语不发，只是眉山翠。这样的情绪，只能说给知心人听。简单而含蓄的词句却让人回味悠长，这便是欧词的高明之处。

再多的才华也需要成长的锻炼，而通过词句来分析词人的心路历程，不仅能感受到文字之美，还能感受到思想共鸣。千百年来，欧词长盛不衰，这便是文学与人格魅力相辅相成的结果。我们是看客，所以只能从字里行间感受词人的成长与痛苦，而在当时，欧阳修因为这份锐气受到了巨大的挫折。

天圣八年（公元 1030 年），欧阳修在连中三元之后，在殿试中，只获第 14 名。当时的仁宗赵祯，最后只点其为二甲进士及第。在旁人看来，这已是莫大的荣誉，但是以欧阳修当时的才华来看，这样的结果已经是屈才。所有人都认为状元非欧阳修莫属，但最后他只拿到第 14 名。这样的结果，对于欧阳修来说，实属意外。

时任主考官的是晏殊，这一位写出“一曲新词酒一杯。去年天气旧亭台。夕阳西下几时回。无可奈何花落去，似曾相识燕归来。小园香径独徘徊”的词人，亦是欧阳修的同乡。当时的人们认为，主考官的为人与欧阳修极为相似，而晏殊当时已经留意到了欧阳修的才名，对于欧阳修的印象也颇为不错，却不知道为何，殿试里欧阳修却没有得到状元之名。

要知道，虽然殿试是由仁宗主试，但是主考官的意见是能左右仁宗的。晏殊了解欧阳修的为人，也欣赏欧阳修的才华，却没有在仁宗面前举荐人才，这便让人非常想不通了。不久之后，欧阳修才知道，原来正是晏殊这位主考官的意见，自己才没能成为状元。

原来，晏殊认为欧阳修锐气过盛，欲打磨其脾性，挫其锐气，促其成才，所以在仁宗面前进言，说明自己的考虑。晏殊认为欧阳修人才难得，但年岁尚轻而锐气过盛，如果此次取为状元，则很容易向自大的方向发展。成才必须要打磨，而进士及第的成绩也不会影响其后面的发展，思及此，仁宗最后采纳了主考官的意见，取欧阳修为第 14 名。

欧阳修知道其中原委时，内心惊诧不已。他从来只觉得对错是非不需要过多考虑，自认问心无愧，一切功名都是自己努力得来，所以为人处世直率而简单。但经过晏殊这一点拨，他才惊觉，人生其实是有很多种形态，如果一味坚持自己的锐气，那就失去了成长的空间。正如一杯水，已满，那么便再无充实的空间。反观这次被取为状元的王拱辰，虽然年岁小，但天资不低于自己，很多时候，不会为任何观点去争论与僵持，而是静听他人高见，充实自己的学问。

采桑子·群芳过后西湖好

群芳过后西湖，狼籍残红。飞絮濛濛。垂柳阑干尽日风。

笙歌散尽游人去，始觉春空。垂下帘栊。双燕归来细雨中。

这首词里，词人描写百花凋落时的西湖，花期已过，群芳凋零，热闹而绚烂的花季不再，只有冷山池水相映照。零星飘散的残花，点缀着清冷而寂静的西湖。才华绚烂之时，恨不能日日高歌猛进，与知己把酒言欢，不醉不归。但人的内心却似暮春时节的西湖，没有过往的残花，只有纷杂而简洁的树叶。风吹过，游人散去，世界终于属于最本真的自我。

热闹是让人沉醉的梦境，花香点缀，柳叶轻拂，游人如织，这样的风景里，词人享受着才华被赏识的乐趣，感受着人生的成就感。但他人的评语与本质上的西湖无任何瓜葛，西湖从来只是西湖自己，正如最本真的自己只能属于游人散去、花谢柳默的时节。笙歌静谧之时，才恍觉人生此刻属于自己。没有成为状元，欧阳修却因为晏殊这一举动而开始接近真正的自己。

欧阳修发现自己并不难过，花谢了，人走了，而西湖依旧。没有状元也罢，没有肯定也罢，他自己内心的锐气突然不再尖锐，因为他发现，有锐气是因为想证明自己，但其实他已经不需要证明自己。世界如此之大，安谧而沉稳的内心才能学到更多的东西，感受到更深刻的世情，而不是横冲直撞，话不投机半句多。欧阳修的内心安静了，这便是成长的力量吧。

他释然了，也开怀了，他发自内心地恭喜王拱辰。与状元这个名号相比，他内心的成长更让自己欣喜。他开着玩笑，说自己那身定做的衣服果然让王拱辰穿回来了一个状元郎。年少而开朗的王拱辰丝毫不以为意，反而认为只是欧阳修发挥失常才让自己能高中状元。自此事之后，欧阳修的词更为精进，因为他内心的境界更上一层楼。

在开封府待得越久，欧阳修对这深宅大院的感触就越深。他的笔下，有善感而多情的人，也有一袭身影就能让词人生出多番感慨的人。“楼高不见章台路”，环境的逼仄，心中的思绪，为我们勾画出了一个深愁无处诉的主人公。欧阳修的词，从平凡处见真章，在没有人在意的一个小角落里，为我们打开了一个表现人物内心世界的大门。“泪眼问花花不语，乱红飞过秋千去。”无语凝噎处，只有泪盈眶。对于欧阳修来说，一切的一切，都只是一种隐喻，不用过多言语修饰，懂的人自然心领神会。而他对于文字的妙用，也让他的词越发卓尔不凡，引人深思慨叹。

文字是有生命的，今天的我们，因词而识得欧阳修，但如果不提起这一段故事，几人识得王拱辰这个状元郎？如果没有晏殊的爱才之心，欧阳修怎会如此迅速地成长蜕变？进士及第的欧阳修，即将开始他的仕途生涯。

第三章

长安入仕，春风得意马蹄疾

马蹄踏遍春郊绿

生活时而吝啬到一毛不拔，时而又慷慨到万事俱备。

对于此时的欧阳修来说，这种感受最为深刻。几年前的他，应试连连失败，躲在家中日日研究自己的错误，甚至使得操劳一生的母亲来劝慰他。而现在的他，得到了胥偃的重视，全力推荐其考入国子监。而他的努力与才华也让自己成为了国子监最为闪亮的学子，从某个角度来说，对于真正的才子，生活从不苛待。

欧阳修此时正是如此，功不唐捐，他终于得到了与自己才华相匹配的机会。进士及第第 14 名，宋仁宗并不薄待他，他得到的机会与状元郎王拱辰是一样的：授将仕郎，试秘书省校书郎，西京（洛阳）留守推官。对于才华过人的他们来说，一起成长的时光反而是最令人难以忘怀的。欧阳修曾写过这样一首词：

蝶恋花·翠苑红芳晴满目

翠苑红芳晴满目。绮席流莺，上下长相逐。紫陌闲随金轫辘。马蹄踏遍春郊绿。

一觉年华春梦促。往事悠悠，百种寻思足。烟雨满楼山断续。人闲倚遍阑干曲。

彼时的他们，已经有了功名在身。对于生活来说，他们是受到眷顾与祝福的人，行走处，各个夸奖，人人称赞，这是属于才子的时代，也是称颂付出与努力的时代。寒窗苦读，一朝成为天子臣，欧阳修与他的同伴们享受着世人对他们的赞赏。快乐的心看到的事物自然是生机勃勃的，翠绿的院子里，红花眩目，流转的啼叫声里，莺飞起又落下，上下相逐。

这样美好的时光里，马蹄声声踏遍春郊绿。正值大好时光的才子们，骑着马儿，游览春色，年轻飞扬的脸上是独属青春的笑颜。春色如许，欣喜自知，时光如流水之时，这样的心情会在往后漫长的岁月里凝成最晶莹的琥珀，在“烟雨满楼山断续”之时，倚栏杆回忆悠长。人总说最美的时光走得最快，但在欧阳修的眼里，哪怕时光如水流转不息，回忆也似阳光般煦暖，让人笑意连连。

词人乐天知命，享受当下好时光。享受当下，不惧于未来，“往事悠悠，百种寻思足”。如果说人生里终于有了踏遍春郊绿的时光，那么即使未来“一觉年华春梦促”，也足以在回首之时漾起笑颜。欧阳修与王拱辰一起，与同窗们享受着如许春色，此时的他们正是天朝最为炽热的星辰，吸引着大众热切的目光。

“榜下择婿”是人们最热情的赞扬。

彼时的宋朝，热爱一切有才名有内涵的学子，一待朝廷放榜，新科状元出炉，大众热切的目光就已经交织在这些前途无量的学子身上。欧阳修才名最盛，与新科状元王拱辰成为了最热门的择婿人选。王拱辰在这一班学子中年纪小，性格活泼开朗，为人和气。而欧阳修懂孝道，有才名，为人正直而性情上佳，所写的每一首词都让人心向往之。

玉楼春·尊前拟把归期说

尊前拟把归期说。未语春容先惨咽。人生自是有情痴，此恨不关风与月。

离歌且莫翻新阕。一曲能教肠寸结。直须看尽洛城花，始共春风容易别。

最好的诗词只是把寻常心事细致写出，却于无声处听惊雷，恍然才觉，人生其实正是如此。似乎词人的心情与自己心意相通，这样的词才能让人动容，让人心神摇荡。欧阳修的词高明即在于此，归期未吐露，春容已惨咽。不似那时的词人好用偏词，好用难字，欧阳修的词里永远是寻常语气、寻常词句，却在不经意间把心事描画得丝丝入扣。

“人生自是有情痴，此恨不关风与月。”有些感情，没有经历，无法言语。就像心上人不经意的一个回眸，内心已然深陷而不可知。少年鲜衣怒马的人生里，总有一处心情他人不知晓。情痴是何，为情而痴，也许可得，也许不可得，也许一生其只是回忆中的一抹绯色，却动容了一生的笑意与缱绻。“此恨不关风与月”，有些爱，越是深，便越是沉默，见风如见他，见月如见他，自是一腔悠悠无人知。离别之时，也许太多话还没说，春风容易别，一切随风。

榜下择婿的风俗，让欧阳修成为了诸多少女心中的梦想，也让他体味到了何为情，何为意，何为终须看尽的洛阳花。当众人散去，他的心中已有定论。才子配佳人，自古皆有，而欧阳修最为心仪的少女，不是他人，正是恩师胥偃的亲生女儿。胥偃亲手把欧阳修从一个朴素的乡间少年推荐成为天子脚下的国子监学生。慧眼识人的他，对于欧阳修的人品与才学自是满意非常。

而欧阳修在失败时承蒙胥偃点拨，得以重展抱负。在受众人赞赏时，胥偃依然关心着他的成长，指导着他的人生。天下之才子不知几何，如果没有贵人点拨，仙人指路，光靠才学与幼稚的思路去闯，那是对天才的损耗，也是对天资的辜负。但欧阳修幸得胥偃慧眼，他的母亲更是对胥偃感激非常。这位大户人家出身的女子，一生贤良，为人妻贤惠勤俭，为人母心血耗尽，不似旁人一味溺爱纵容，反而是恩威相济，养出了一个知恩懂礼、善良体贴的欧阳修。

胥偃正是因为了解欧阳修的家境，了解欧阳修的家人，才选择了欧阳修于他胥家的另一种可能。对于欧阳修来说，此时正是他人生中最好的年华，从心理上来说，他的成长经历与求学之路坎坷，让他具有了其他人所不具备的成熟与懂事。而他的教养则让他更为贴切地了解现在这个圈子里的世故与隐性规则。

得知榜下择婿的欧阳修母亲，感动于胥偃对自家孩子的青睐。她在生活的苦水里已经浸泡得太久，她更明白一个知书达礼的妻子对于家庭的重要性。欧阳修对于妻子的态度是求贤，他对于女性最初的印象就来自于自己的母亲。在他的心里，母亲是一个完美的女性榜样，而他的母亲深刻地了解自己的孩子，所以当胥家的消息传过来时，母亲几乎是喜极而泣。

婚姻对于人的重要性不言而喻，欧阳修曾写过一首《玉楼春·洛阳正值芳菲节》：

洛阳正值芳菲节。秾艳清香相间发。游丝有意苦相萦，垂柳无端争赠别。

杏花红处青山缺。山畔行人山下歇。今宵谁肯远相随，惟有寂寥孤馆月。

洛阳正是花开时节，浓艳清丽相间开放。游丝如有意一般，苦苦缠绕不舍离去。垂柳如有情，争相赠别。杏花正开在青山缺处，山下有行人歇脚。这一夜，谁会愿意与我相随相伴？只有孤馆里一轮寂寞的明月。何谓婚姻？相濡以沫相伴终生，有这样一个人，无论是在哪个角落，都能千里之远亦相随，此生相依偎。

在这首词里，词人多的是对物的抒情与对自身的慨叹。花开遍地的季节里，芳菲如云，繁盛的花木装点着这个美好的人间。春风沉醉，花香袭人，分别的人却无意欣赏这样的美景，哪怕是游丝，哪怕是垂柳，都似乎在讲述着离人的心情。人世间最痛苦的感受，生死别离当之无愧。相知相惜，却只能分别。再眷恋的情绪也只能留给自己独自品尝。

也许人间没有不散的筵席，也许根本没有人可以陪伴自己到天涯海角，相逢总归别离，相知哪堪回首。山畔的行人远去歇脚，离别依然如一座攀爬不过的山，横亘在自己眼前。人世间也许只有夫妻才能真正相伴长久，生死相依，无论远去何方，都可以追逐而去。此时的欧阳修感叹“今宵谁肯远相随，惟有寂寥孤馆月”。

戛然而止，再无半句。这样的结尾，正如戛然而止的情感，生生分离，再相见亦不知人事如何。欧阳修是聪慧的，也是敏感的。他经历的是所有的人都经历过的人生，他的所思所想，亦是普通人的相见欢、爱别离。这些情感凝成了一句句如水晶般剔透的词句，在每一个时代的夜晚里悄然说中每一个人的离别心事。

这样的欧阳修，让人折服。

此时的欧阳修，终于在现实里摆脱了“寂寥孤馆月”，迎来了自己的美娇娘——恩师的女儿，他的妻子。其实欧阳修的外貌并不好看，甚至可以说是难看。但是对于男人来说，才华比外表更为重要。在婚姻里，再美或者再丑的外表最后都会习惯，只有性情相投才能走过漫长的一生。胥偃的女儿知书达礼，早在欧阳修递文章交予胥偃读看时，她已经知晓了他的名字。后来欧阳修的才华与文采打动了胥偃，得以拜胥偃为师，住进了胥偃家，受其教诲。

也是在那段时间里，欧阳修慢慢了解了胥家的情况，知晓了胥偃家未许人的二小姐。当时两人没有交集，甚至连话都没有说过。欧阳修那时一心向学，苦读不辍。别人看来十分枯燥的书籍，在他看来是金子也换不来的宝藏。欧阳修求学的精神让胥家二小姐颇为欣赏，当然胥家二小姐也知道欧阳修外表并不好看，但她只欣赏积极上进的人，对于其他并不介意。

胥偃了解自己的女儿，二女儿性情温柔，且为人平和，注重内涵，并不看重外在。可以说即使欧阳修未取得连中三元的成绩，胥偃也愿意让他成为自己的女婿。胥偃对欧阳修的欣赏非同寻常，在欧阳修投文之后没过多久，他升官调至京师，还专门邀请欧阳修一同前往京师。欧阳修出身小门小户，家境与胥家相比，如云泥之别。也是因为如此，欧阳修在见识了胥偃家的气度之后，学习与进修更为刻苦，也许隐隐之中，命运终会厚待有心人。自此，在母亲郑氏喜悦的目光中，胥家二小姐与欧阳修定亲。

年年此会长相见

时光对于人生而言，像一场迅疾而不回头的逝去。在时光流转的过程中，如果没有抓住些什么，那么错过之后就是一辈子的再不相见。

欧阳修取得殿试第14名的好成绩之后，第一件喜事就是与恩师胥偃家二女儿定亲。在他看来，结识恩师胥偃是他这一生最为幸运之事。其实，在他两次参加科举考试而不中时，他痛定思痛，移居汉阳，拜谒胥偃。当时的母亲教导他，“学而不思则罔，思而不学则殆”。因为这句话，欧阳修便克服许多困难，离家赶赴三百里外的汉阳，拜谒翰林学士兼汉阳知州胥偃。

一篇文章打开了欧阳修的人生。胥偃作为汉阳文坛泰斗，对于文章的要求非常高。但欧阳修的文章让他惊喜，作为已有一定社会地位的文人，胥偃乐于做伯乐。因为文章引路，欧阳修才能跳过自己的出身限制，受到胥偃的赏识与推荐，最终获得国子监读书的机会。而因为文章，欧阳修更是结识了许多与自己志同道合的朋友。

天圣九年，也就是公元1031年，欧阳修来到了洛阳。在这里，他遇到了梅尧臣和尹洙，这两位后来成为了他一生的至交。梅尧臣比欧阳修出身更低，生于贫困农家的他，痴迷于读书，全家竭尽所能供其读至16岁，乡试未考中，家族已经没有能力再提供学习的条件。此时的他由于得到叔父梅询提携，受荫补缺，后在河南任上得到了钱惟演的欣赏，与欧阳修相识。这位写出过《陶者》的词人，与欧阳修一见如故，二者结为至交。

陶者

陶尽门前土，屋上无片瓦。

十指不沾泥，鳞鳞居大厦。

陶者把门前的土全部用来做陶，他居住的屋子上却没有半片瓦。而那些十指不沾泥的人，却住着华美的大厦。如白描的图画一般，梅尧臣用叙述性的语言把陶者状态写尽，不声不响间，却如无声处听惊雷，让人深思，引人动容。

尹洙出生于洛阳，世称河南先生。与欧阳修一样，崇尚古文运动，反对文风浮夸奢靡。三人都得到了钱惟演的重视与赞赏。每日的相聚与高谈阔论渐渐打开了欧阳修的视野，也让欧阳修受益颇多。

在这一年，欧阳修来到了东武县迎娶自己的妻子胥氏。天圣九年，是欧阳修蜕变的一年。他得到了朝廷的肯定，只要得到了进士的名头，那就意味着收到了官场的入场券。也是在这一年，欧阳修结交了此生的挚友，也组成了自己的家庭。在母亲郑氏的眼里，此时的欧阳修才终于成长了起来。

采桑子·天容水色西湖好

天容水色西湖好，云物俱鲜。鸥鹭闲眠。应惯寻常听管弦。

风清月白偏宜夜，一片琼田。谁羡骖鸾。人在舟中便是仙。

在这首词里，天光与水色平分美景，管弦声悠然响起，丝竹轻奏，水中鸥鹭静静梳理羽毛，似乎已经沉浸在这一片水光天色里。如此美景，如此佳音，连鸥鹭都开始享受此刻天堂之乐。清爽的风，皎白的月，这样的夜色，如风过琼田。词人与朋友们在哪里？他们在舟中享受着这样的轻风月色。月光如水，水草鲜嫩，连云朵都沾染清新之气。此刻，人已成仙，如痴如醉。

如果说描写景物最好的感受是丝丝入扣，那么欧阳修在这首词里，油然而生一阵向往之意。欧阳修此时写词，已经开始向韩愈先生看齐。喜用生活化的词语，喜用简单而画面感强的句子，其诗词在一众繁词重藻的浮夸作品里，让人眼前一亮，转而又心向往之。欧阳修有理由高兴，少年得志，万事俱备，前程如一条闪闪发光的绸带一样铺展在他眼前。

身边是相知相惜的好友，未来是看得见的为民做主，一展抱负。而妻子的温柔与体贴，也让欧阳修对生活更为满意。欧阳修的叔叔为其打点了成亲的事宜，对于胥氏这个侄媳妇他自然是满意的。成亲事宜上叔叔的照管让欧阳修对叔叔更加尊重，也更感激。母亲郑氏是大户人家出身，对于胥氏这个儿媳非常满意。胥氏温柔少言，又聪慧懂事，嫁入欧阳家之后事事妥帖，言谈举止颇有大家风范，十分得人心。郑氏每日与胥氏在家打点家务，一家子其乐融融。

鹤冲天・梅谢粉

梅谢粉。柳拖金。香满旧园林。养花天气半晴阴。花好却愁深。

花无数。愁无数。花好却愁春去。戴花持酒祝东风。千万莫匆匆。

当梅花谢落粉意，当柳叶沾染黄昏金色，曾经一起漫步、一同观赏风景的园林里，风景如旧。这样的天气，空气似乎都充满了愁绪，半晴半阴，如此适合养花养草的日子里，花依然娇艳，但那个人的愁绪却挥之不去。花里花外花无数，一叶一枝都为愁绪。这样的时节里，花开得如此娇美，却害怕春色溜走。春色里留下的尽是彼此的回忆，簪花持酒，你曾见过我的笑靥，如此好时光，莫匆匆过，莫匆匆走。

欧阳修的词里，良辰美景之时越是珍惜，越是不愿轻易流逝。快乐的时光总是短暂，正如美丽的花开时节，绚烂终有凋零期。文人心性，乐见花开愁花败，春光甚好，忧愁春逝。也许冥冥之中自有天意。胥家二小姐与欧阳修相处融洽。在出嫁前，胥偃就嘱咐过自己的女儿，欧阳修重情重义，才学过人，切不可因琐事而烦忧他。而欧阳修的母亲郑氏也叮嘱过儿子，胥家女儿高门大户出身，品貌端正，夫妻相处要有分工，家内事宜要交给妻子处理，不要过多干涉。

这样的开始，让两人相敬如宾，郑氏待胥氏宽和，欧阳修事事尊重妻子意见。这让胥氏更为感怀，事事以欧阳修为先。郑氏看在眼里，喜在心里。而胥偃也对欧阳家十分满意。胥氏对欧阳修而言，不仅意味着一种知遇之恩，更意味着自己的成长历程。在胥家，他从一个默默无闻的小地方青年，从一个连考两次科举都失败的失意者，变成一个进入国子监、逐渐获得才名与机会的才子。胥家见证了欧阳修的成长，胥家二小姐的情谊也让欧阳修内心温暖。

如果说，最初的欧阳修对于胥家二小姐是不敢奢望，那么终于能把胥家二小姐娶回家后，欧阳修的内心是激动而幸福的。两人性情相投，都是乐观而开朗的人。相见恨晚，携手之时，欧阳修内心安宁而幸福。只是即使高中进士，前途光明，一样有无可奈何之事。世间的悲欢是没有预兆的，这一年，发生了一件让欧阳修措手不及之事。

妻子胥氏新婚后不久，去世了。

失去来得如此突然，突然到欧阳修已经丧失了反应的能力。如果失去来得太快，那么内心深处依然会以为一切照旧。只是吃饭时没有那个人的陪伴，行走时看不到身后那人的衣襟摆动，写字看书时再不能见那截红袖。也只有那个时刻，失去的痛苦变得更加剧烈，无法摆脱，无力自拔。也是因为如此，胥家二小姐逝去后，欧阳修差点走不出来。

对于胥家二小姐，欧阳修的内心是温暖而慰藉的，结发为夫妻，恩爱两不疑。但是还未来得及体会生活的甜蜜，一切却猝不及防地画上了休止符。为何人间伤心人里要添我一个？能否让一切只停留在故事的最初，能否？

长相思·蘋满溪

蘋满溪。柳绕堤。相送行人溪水西。回时陇月低。

烟霏霏。风凄凄。重倚朱门听马嘶。寒鸥相对飞。

烟雨霏霏，难以回望。如果说人间是一个驿站，那么打马而过的人能否不要如此迅疾？自欧阳修生命里掠过的胥家二小姐，让欧阳修品尝到永远失去一个人的滋味。人间相送，再不能回头，陇月低垂，一颦一笑从此再不能见。即使再一次回到曾经的那个地方，朱门马嘶，也再看不见来人，只有寒鸥一瞬而起，相伴而飞。没有人看见的角落里，欧阳修的悲伤静静流泻。

人的一生里，相伴与爱情也许不能同时拥有。在今天的我们看来，当年的欧阳修也许只是对胥家二小姐有着最初的好感。但是性情相投、言语温柔、办事妥帖的他们如果能相伴一生，也是一种眷侣的圆满。词里最寥落的镜头是“重倚朱门听马嘶，寒鸥相对飞”。我们都有过这样的时刻吧，回忆里热闹的景致中，因为失去那个人，所以相同的动作唤不回曾经的笑靥，同样的眼神也再看不到那样的身影。风烟散尽处，只有如常光景照旧流淌。世界并不会因为一个人的逝去而失去颜色，只有自己才能知道自己内心深处从此多了一个灰色的深渊。

“相送行人溪水西”，溪水以西，也许是那个人曾经驻足的地方。欧阳修带着回忆赶往每一个曾经的甜蜜之地，处处伤人，处处伤心。凄凄风雨声里，那个以为能“年年此会长相见”的人，那个能为自己轻轻披上披风的人，此生再不可得。

邀客醉，红琼共作熏熏媚

生活依然在继续，并不会因为失去与得到而停下脚步。

欧阳修还有自己的母亲，还有自己的未来，他对自家夫人的思念只能深深埋在心里。此时的他，与胥氏成亲后就来到了西京做推官。失去了夫人之后，他只身留在洛阳这个繁华而热闹的城市。洛阳人口众多，仅次于汴京。欧阳修把伤口深埋，他需要担负的责任还有很多。

很多时候这才是真实的人生，没有资格一直沉湎在失去的痛苦里。因为除了失去，身边那么多需要照料的人在期待着自己的表现。欧阳修承载着母亲的期望，承载着朝廷的信任，甚至还承载着胥家对他的提携与知遇之恩。他无法像一个少年一样，为自己失去的珍宝而痛哭，哪怕再不愿，他也要站起来，一步一步走出再也没有胥家二小姐的生活。

那时的洛阳，文人很多。他的直系上司是钱惟演，时任知府。作为吴越王钱俶的儿子，钱惟演气质出众，重视文人，爱好吟诗。作为洛阳最高长官，钱惟演利用自己在文坛的影响力，聚拢了一批文人每日吟诗写词。他欣赏有才华有气魄的年轻才子，而欧阳修，正是他所欣赏的类型。

经历了丧偶之痛，欧阳修在情感表达方面更为细腻，字里行间有着挥之不去的思念与回忆。

诉衷情·清晨帘幕卷轻霜

清晨帘幕卷轻霜，呵手试梅妆。都缘自有离恨，故画作远山长。
思往事，惜流芳。易成伤。拟歌先敛，欲笑还颦，最断人肠。

词的画面美在于一种朦胧中的暗语。每一对夫妻都常见的画面里，“呵手试梅妆”，一点点清寒点亮了平凡的清晨。远山眉里，有着离恨的愁肠。往事里，流芳飞度，越是细思，越易成伤。黎明清浅的时光里，一点微光都能引来回忆。时光翩跹而过，想起曾经的那首歌，还未开嗓却已失去了歌唱的兴致。“拟歌先敛”，四个无声的字点破了寂寥的心绪。“欲笑还颦”，还未展颜已然锁眉。这样的情绪里，没有声响，词人默默承受着断人肠的思念与压抑。

欧阳修无法原谅自己的地方在于，胥氏染病之时，他出差在随州无法赶回来，和泪哀号已不可追。他提笔写下“楚乡留滞一千里”在胥氏的墓志铭上，泪不曾干。“胥氏生子未逾年，以疾卒，享年十有七。后五年，其所生亦卒。”胥氏死时才十七岁，五年后，胥氏所生的孩子也夭折。“楚乡留滞一千里，归来落尽桃与李。”出发时娇妻稚子，归来时已经是坟头青草。这让欧阳修如何自视，如何释怀？

母亲郑氏更是内心忧郁，胥氏是她非常喜欢的儿媳，更何况胥氏还诞下了孩子。但她明白，生活没有如果，病来如山倒，什么也换不回曾经的胥氏。欧阳修必须要接纳这无奈而冷酷的现实，才能成长。而现在他承受的每一份心痛，都会变成他内心强大的基础。重情重义，方会如此心如刀绞。钱惟演的重视，日日与知己好友相聚的欣喜，还有毫无压力的生活，一点一滴都在改变着欧阳修的心绪。钱惟演爱才如命，他愿意花费大量的时间与精力去培养他们。欧阳修也在其中。

上任之后，欧阳修发现钱惟演不愿以俗务来纠缠他们这些青年，每日只是鼓励他们喝酒，写词，畅游。洛阳离嵩山很近，山林美景，惬意而清新。欧阳修与他们结伴而行，看世间万物，看花草莺飞，谈的是雅曲新词，聊的是家国大事，一语一笑间心胸逐渐开阔。一日，众人又相约去嵩山游览，上山时天气不错，及至傍晚，快要下山时，却突然下起了雪。

嵩山松梅厚重，一下雪，纷扬似仙境。众人欣喜间因这样的美景而诗兴大发，但由于时间已晚，怕钱惟演在府中担心，众人按捺住兴致，急急赶路下山。相扶相携还未走出多远，只见远处依稀来人，声声喧闹，磕碰作响。众人讶异，怎么会有人在这个天气赶上山来？及至面前，才发现原来是钱惟演派来的厨子和歌伎。原来是他们的上司钱惟演见傍晚下雪，这些在山间行走的才子肯定会见到雪花纷落的美景，于是送厨子和歌伎上山为其助兴。

良辰美景之时，贴心而善于体察人心的钱惟演派来厨子与歌伎就是为了支持他们作诗，让他们能在雪景之中喝酒赏舞。“府中无事，但欢饮无妨”，府上没有什么要操心的事，不需要急着回来，雪景这样美，你们留在山上饮酒作诗听歌赏舞吧。这样的知府，让他下面的进士们拥有很大的空间去发挥才华。欧阳修曾经写过一首诗：

画眉鸟

百啭千声随意移，山花红紫树高低。
始知锁向金笼听，不及林间自在啼。

在这首诗里，他借画眉鸟寓意自由与束缚。从画眉鸟的欢快叫声，到在高低错落的各种树之间跳跃飞翔，一幅画眉鸟自在活泼的山景图呼之欲出。及到锁入金笼，从此拘于这小小的方寸之间，再不能自由啼啭。两相对比之下，自由与随心而动从此是梦想，只能失意于这小小鸟笼之中。

从欧阳修本人的写作风格来说，他最喜欢韩愈先生简达生动的文风。但当时的文风倾向用古字，倾向于堆砌辞藻，读起来佶屈聱牙，让人皱眉。欧阳修不爱这样的文章，虽然以其才华来说，写出这种文章也并非难事。但他不能真正地享受文字带来的快乐，因为要应试，所以他只能让自己的文风向当下的风气靠近。所幸这样的时光没有太久，遇到钱惟演这样的上司，他就得到了直抒胸臆的机会与舞台。

在钱惟演看来，才子是需要养成环境的，所以他愿意利用自己的影响力为才子们搭建一个空间。嵩山赏雪只是钱惟演对待这些才子的事例之一，所有才子拿到朝廷的公差后，都不需要去办公行政，不需要每天死守，只需要发挥所长专研诗文即可。

钱惟演作为一个文人，其成就自然没有达到后来欧阳修的高度，但是他的态度与宽容为整个北宋培养了一大批才子文人。在钱惟演的支持下，张先、欧阳修、梅尧臣、尹洙等都成为了当时的活跃文人，在生活中只要一有感悟，便马上写在纸片上，一句半句收集起来，一起吟咏雕琢，进而成词。杨亿因此编成了《西昆酬唱集》，里面收编了 17 人的作品。

一个人的爱好转化为推进文化前进的力量，因此，钱惟演的主推让北宋文学史上从此有了“西昆体”。西昆体的意义还在于让汉唐以来的“骈赋文”逐渐转化为有创新性质的“古文”。欧阳修在此中获益匪浅，他效仿先秦两汉文人，留下了不少千古名篇。

玉楼春·春葱指甲轻拢捻

春葱指甲轻拢捻。五彩垂绦双袖卷。雪香浓透紫檀槽，胡语急随红玉腕。

当头一曲情何限。入破铮锹金凤战。百分芳酒祝长春，再拜敛容抬粉面。

一个人的交际与见识会直接影响一个人的心性。欧阳修就是如此，失去妻子后，他深埋悲痛，一语不发，把心思投入到诗词创作中。山水与知己逐渐治愈了他的伤口，让他在情感与文字上更有见地。这首词里，春葱指甲如在眼前，双袖卷，红玉腕，金凤战，“百分芳酒祝长春”。欧阳修从细节入手，最先映入眼帘的是春葱似的指甲，音乐一起，琴声里似乎都满是浓厚雪香。一曲情无穷，弹奏如何，只写两个字——铮锹。再起再拜，粉面微抬。平实流畅的词句里，弹琴少女如在眼前。

写弹琴的词句有很多，但欧阳修不用艳词偏字，全词字字句句未沾染半点窠臼，却生动地展现了弹琴少女的样貌与祝酒的过程。最是难得在天然，欧阳修经历得越多，对生活的取舍也就越分明。真善美才是最动人的存在，细听天籁，细品人生，一点一滴里都是珍惜当下，把握当下。

但人天生是贪婪的，没有经历过痛苦的失去，学不会珍惜与把握。只有真正经历过分离的人，才能明白什么叫作珍惜。胥氏无法陪伴欧阳修一生，但给欧阳修的影响却是关乎一生的。最初的欧阳修因为年少终得志而经历过大喜，那么失去胥氏则让他经历了一场大悲。斯人已逝，山水永存。即使再放不下，也挽回不了什么。时光依旧，他依然要过好自己的日子。人生总要经历伤痛才能成长，失去胥氏后的欧阳修，遇到了钱惟演这样一个宽容的好上司。而知己好友的相伴也让他能寄情于山水之中，慢慢领悟到什么叫作真正的永恒。

这样的感悟使欧阳修在今后的人生道路中真正成长起来，真正把乐天知命、达观潇洒当作自己的人生座右铭。也是在这段时间里，欧阳修开始享受饮酒给自己带来的快乐。

渔家傲·露裛娇黄风摆翠

露裛娇黄风摆翠。人间晚秀非无意。仙格淡妆天与丽。谁可比，女真装束真相似。

筵上佳人牵翠袂。纤纤玉手挼新蕊。美酒一杯花影腻。邀客醉，红琼共作熏熏媚。

赏花品鉴的诗词可谓不胜枚举。而欧阳修的“黄风摆翠”“人间晚秀非无意”，却胜过其他词作太多。“黄风”点明时节，而“摆翠”则让人顿悟花的姿态。少了词藻堆砌，一字一词无须再多，也不用再改，多一字则平添累赘，少一字，花的形态也无法生动展示。这样的词句才是上佳的，欧阳修观察细致，用词简约不失气度。

接下来两个句子，一个以花喻仙格，花的出尘与幽雅已然显现。以女真装束喻花态形状，无形之中把花与人联系了起来，形象鲜明，如在眼前。牵出了人物，以花联系美人，玉手映娇花，摆翠连翠袂，颜色明丽，花影美丽。黄风，新蕊，红琼，色彩交相辉映，静态的花，映衬着动态的人，酒杯衬花影，红琼佳酿，几杯酒下肚，宾客微醺，花也陶醉。写景、写人、写情态，美感无限。“邀客醉”，宾主尽欢，佳期如梦。

往事悠悠，百种寻思足

生活总是福祸相倚，起起落落间不知不觉便是一生。

在钱惟演的支持保护下，欧阳修等才俊，得以享受了入职以来最幸福的一段时间。钱惟演懂词，爱词，热爱生活，认为当官与发展文化同等重要。作为一个资深贵族，钱惟演知情懂趣，生活上和情感上把手下的文人们照顾得很好。更难能可贵的是，当时的朝廷里，官场与文坛是两相助益的状态。

这就意味着，写出一首好词，与做一个好官是相辅相成的。当然，对于仕途来说，写好词并不能带来直接的政治效应，要想当官，还是要老老实实念圣贤书，写科举文。但在读书写字的过程中，做好官、写好词两者是共通的。自唐代以来，既是著名文人，同时又是朝廷肱股之臣的人屡见不鲜。而儒家思想中“修身齐家治国平天下”的第一要务“修身”，就是要向读书人强调，要有人文素养。写诗作词则是对文人人文素养的基本要求。

人文并不是死读书，而是对生活有自己的感悟，有自己独立的生活态度。欧阳修在钱惟演的支持下，对生活摆脱了最后一丝实用主义，他本身才学过人，此时仕途安稳，环境优渥，知己良友相伴，在追求人文素养的道路上他走得更远。这一时期的他，确定了乐观的人生基调，他能品读圣贤书，也能欣赏山水之美，能从一朵花中感受生活的美好，也能仅从一个背影慨叹人世多艰。

当一个人的心变得柔软而富有弹性，那么万事万物折射在其心灵之上时，自然就会幻化出不尽的美景与良辰。在孩童的眼里，哪怕是地上的污水，一样可以射出彩虹般的光彩。这是因为孩童内心纯净，视万物都如天堂般秀美。欧阳修也是如此：

玉楼春·去时梅萼初凝粉

去时梅萼初凝粉。不觉小桃风力损。梨花最晚又凋零，何事归期无定准。

阑干倚遍重来凭。泪粉偷将红袖印。蜘蛛喜鹊误人多，似此无凭安足信。

这首词是写女子闺情，时光的流逝只用梅花与小桃写明。梅花开在冬季，梅萼初绽花粉初凝之时，便是初冬时节。而恍惚之间，小桃已经长在枝头，被风力轻轻折损。时光已经过了这么久，离人却依然不见踪迹。词人以花草树木来喻时光流逝，美感中又暗含着生命的流逝。也许一辈子的时间只有这么长，花开过即使再开，也不再是去年那一朵，最晚的梨花都即将凋零，为什么离人的归期却仍未确定？

看着四季花朵从开放到凋零，看着花草人生已经过了几轮，离人却依然未能确定归期。人生这一世，未能一起看过的花，未能一起欣赏过的风景，错过便再也回不来。时光堆积，相思深重。女子凭栏而立，日日张望，栏杆已经不知倚过几遍，盼望归期的眼泪湿了粉妆，只能红袖掩，莫被人看。登高而望，望不见归人，只能把栏杆各个倚遍，处处洒泪。内心却依然害羞不愿人知，哪怕是流泪也是偷偷拭去，怕人知。

因为过于期待，所以把一切都视作离人归来的预兆。人们都说有一种小蜘蛛是报喜的，如果见到它，就说明离人要回来，还有喜鹊也是报喜鸟。现在蜘蛛与喜鹊都见到了，却依然看不到离人回来的身影，看来这些蜘蛛与喜鹊都是骗人的。明明是离人不归，却凭空怨他物，这样的心疼与偏袒，无理之中见情意深重。

欧阳修此时已经与钱惟演等词人结下了浓厚的情谊。写诗作词之外，他最喜欢看的书就是《昌黎先生集》，一字一句珍重而读。此时的他自号“六一居士”，与昌黎先生的时代相差二百多年，却视其为精神导师。钱惟演这一众文人，在山水之间所感悟的自然比苦守书斋得来的要更自然妥帖，于是在行文写作上更贴近天然，写诗写词提倡畅达易读，自然之中见深意。

以欧阳修为首的这一批文人，本身已是文化精英。再加上欧阳修对韩愈的个人崇拜，他决定把韩愈的文风在这时隔二百多年的北宋发扬光大，古文运动因此而生。以生活化语言为载体的古文运动，重视语言的发展空间，重视语言的实际效用。欧阳修认为，文字诗作应由心而发，应具有实事求是的作用。自两汉以来流行的四六骈文，文风华丽，辞藻过多，修饰大于文章本意。发展到宋朝，原有的四六骈文越发累赘而不知其所谓，文人多以堆砌和修饰为美，求大词，求偏词，好用古意，好用生僻字，以显示其文化水平，反而读之华而不实，令人不知所言。

这样的相知相交，让古文运动在钱惟演这个圈子里迅速流行起来，人人白天用功写诗写文，夜里推敲讨论，辩论不休。这些人之中，欧阳修个子最小，又是一个深度近视，面貌也不好看，按理说应是最低调的一个。但是欧阳修反而是古文运动的主推手，在这个以才华见真章的圈子里，欧阳修如鱼得水。也是，欧阳修人虽瘦小，却是才华过人，天资聪颖，再加上性格随和开朗，他人都愿意与其相交。

张先、梅尧臣个个相貌堂堂，高大魁梧。尤其是梅尧臣，不仅声如洪钟，每次讨论时都让人无法忽视其存在，而且他早已成名，相比于欧阳修，他名满天下，是个有名的才子。但是欧阳修却跟梅尧臣说了这么一句：“汝为贾岛，我为韩愈。”此时的梅尧臣听了欧阳修这一句话后，斜睨了欧阳修半天。但欧阳修说完这句之后，再没有说其他话。众所周知，贾岛是个苦吟词人，才华有限，根本无法与韩愈相提并论。其实文人之间经常会因为才学之争而产生摩擦。哪怕欧阳修性格开朗，并不拘泥于这些小节，平时在圈子里与大家相处融洽，也一样会与人有纷争。

有一次，梅尧臣与欧阳修为了一句词而发生了极大的摩擦，两人大声争吵，各不相让。梅尧臣一米八的个头，红脸盘，大个子，声如洪钟，语如蹦珠。欧阳修瘦弱苍白，却坚持己见，一步不让。气极的两人，依然坚持着君子动口不动手的原则，谁也说服不了谁，于是僵持不下。

两人对峙，一个脸红得快要滴出血，一个脸白得快要成纸，像两只斗鸡一般。钱惟演与其他文人根本不插手此类纷争，笑笑而视，任他俩自己斗气。而一旁的张先，还打趣地在边上写诗，纪念这两人的争吵情景。果然，没过一会儿，两人又一视而笑。名士风流，自在于此！这样宽松的氛围、自在的讨论情景，让欧阳修得到了大量的文学养分。

生查子・元夕

去年元夜时，花市灯如昼。月到柳梢头，人约黄昏后。

今年元夜时，月与灯依旧。不见去年人，泪满春衫袖。

作为欧阳修最为出色的词作之一，该词以元夜为记，回忆着从前约会时的快乐场景，“花市灯如昼”，相偕而行，幸福满溢。当月亮上到柳树枝头时，期待见面的甜蜜从黄昏蔓延到灯市。“月上柳梢头，人约黄昏后”，这一句朗朗上口，意味无穷。最为简洁，最为悠远的印象就在于此。古典之意融合了相恋相知的情感，让这一句成为千古传涌的名句。花、灯、月、柳见证着两人情感的圆满，喻示着未来生活的美满幸福，此情人人都拥有过，因此读之令人不禁莞尔。

到今年元夜，月与灯依旧如常，去年相依相伴的人，是否还会和自己相知相惜，共同感受着爱恋的甜蜜呢？时光又到元夜，但快乐已然消逝，笔锋陡转。去年的回忆已成泡影，再也不见去年那个人。“月与灯依旧”花市依然灯如昼，月依然悄悄上到了柳梢头，黄昏也如去年一般来临。但人却不见了，回忆里的情思再不能现。物是人非，伤感憔悴。从明亮而甜蜜的回忆，过渡到冷清而失落的现状，相思无益，一语不提相思，却句句相思，这样的词作读来令人感觉无限凄凉。

欧阳修的感受不仅有凄凉，更多的是无奈。

钱惟演没能庇护他们太久，快乐开心的时光如此短暂，回忆里人如旧，但却到了分别的时刻。由于政治失意，钱惟演被人弹劾，只能收拾行李被迫离开洛阳城。这样一群文采风流的朋友，转眼到了分别时分。

渔家傲·三月芳菲看欲暮

三月芳菲看欲暮。胭脂泪洒梨花雨。宝马绣轩南陌路。笙歌举。踏青斗草人无数。

强欲留春春不住。东皇肯信韶容故。安得此身如柳絮。随风去。穿帘透幕寻朱户。

最令人难过的不是失去，而是挽留不住。因为钱惟演，欧阳修得以真正走出失去妻子胥氏的阴影。也因为钱惟演，欧阳修结识了一生的至交，感受着自己才华的力量与价值。文化需要富养，文人的才华也需要珍惜。钱惟演曾经的嵩山送厨，不仅意味着对他们的培养，更给予了他们充分的精神成长空间。

遇到钱惟演的欧阳修是幸运的，拥有钱惟演的北宋更是幸运的。今时今日，北宋早已远去，但欧阳修等人的文学才华依然在闪闪发光。相遇时有多幸运，在分别的时刻便有多憔悴。三月的花期已经快结束，梨花如雨，胭脂含泪。再多的丝竹、再多的笙歌也唤不起心中的快乐。一起踏过的春草地依然游人如织，往来频频。春天已然过去，强留不住。只恨自己不能像随风飘荡的柳絮一般，任风而行，跟随而去。

这样的哀婉，如此的不舍，却也改变不了命运注定的轨迹。钱惟演润泽了北宋的文化土壤，培养了欧阳修这样的文化才俊。而对于欧阳修而言，钱惟演的存在与眷顾，比胥偃有过之而无不及。钱惟演引导欧阳修找到自己的才华方向，而胥偃则提携了欧阳修，助其成才。以花草来比喻，没有胥偃，欧阳修要经历更多的风雨才能有机会滋养自己的才华。公事与官场，如果未有人引导，会磨损掉一个人太多的灵气。

花草即使潜质惊人，但风雨侵袭，也难以吐蕊，糟蹋天资。没有胥偃的欧阳修也许无法如此顺畅地进入朝廷的殿堂，也许要受更多的挫折与痛苦。有时痛苦是才华的催化剂，但无益的痛苦也会为才华添上太多的戾气。而戾气，会阻滞才华。

没有钱惟演，欧阳修无法用这样多的时间与精力去钻研古文。没有钱惟演，欧阳修只能把精力放在初入官场的小心翼翼之上。没有钱惟演他也无法如此系统地在内心构建古文运动，甚至会在办公琐事中逐渐消磨掉才华。历史没有如果，人生也无法重来，一切被磨损掉的天资与灵气，即使后面再三弥补，也难恢复如初。万幸正是因为有胥偃与钱惟演，欧阳修才能成为那个文学大家。

第四章

观事切直，少年气胜终须磨

蓦然旧事上心来

有些人离开是为了提醒我们曾经有多幸福。

钱惟演调走后，欧阳修的上司换成了王曙。王曙与钱惟演不同，他已近古稀之年，对于学问要求严格，认为读书人应发挥自己所长，为国谋事。在王曙看来，越是才俊，越需要打磨与严厉管教才能成才。更为重要的是，王曙为人刻板，不似钱惟演那样随和懂生活。不仅在公事上一板一眼，严格按律例办事，在私人生活上，王曙更是认为官员代表着国家的形象，要自律自重，不可出一丝差错。

欧阳修等人在钱惟演的“富养”下，已经习惯了飞扬的思绪与潇洒的生活。对于王曙的到来，从本心上是不愿意接受的。再加上王曙在为人处世上的刻板，更是让欧阳修等感到了极其的不适应。但是王曙是他们的上司，再多的不满与不适，他们都不能反抗。这样的遭遇，让欧阳修等人更为思念钱惟演，在行事作风上，更是掩饰不住的反感。

此时的欧阳修年纪尚轻，因为经过了些人事，自信心更强。志同道合的古文运动，再加上朋友知己的相扶相携，欧阳修已经不似高中进士时那般稚嫩。但是他终究年少，在行事作风上还是有很大的进步空间。那时的他们，每天不得花费过多时间去钻研诗文写作，需要处理公事，并且要按期汇报，事事回馈。相较之下，飞扬洒脱的日子已然不再拥有。

不仅是欧阳修有这样的感慨，张先、梅尧臣更是如此。因为得到过最合适的环境，所以没办法接受即将到来的变化。王曙对他们的管教越来越严，教导他们说：“连一代宰相寇準都因为安于享乐而遭到贬官，你们才学不如寇準，能力不如寇準，为何还敢如此？”

按理来说，年近古稀的上司这样教训他们，即使内心有所愤懑，也不必直接说出来。但是欧阳修当即回复：“寇準被贬官是因为老了，一把年纪还不知道要退隐。”顿时把王曙说得回不了话。

欧阳修这样的说话方式自然得不到上司的认可，甚至让王曙内心觉得欧阳修真是“朽木不可雕也”。但是欧阳修有脾气，也有才学。王曙终究是为了助他们成才，年近古稀，也没有过多的精力去管教他们，只是用自己的方式去给他们压力，历练他们。与欧阳修一起的张先、梅尧臣，都了解欧阳修的性格：太过年轻，也太过气盛。作为知己好友，他们能做的就是尽量帮他扯开话题，让王曙不至于太为难他。

此时的欧阳修自胥氏死后刚刚平复的心情再一次酸楚，王曙的存在让他深刻地明白了生活的无奈。才华是需要培养与富养的，王曙并没有意识到才华的可贵，只是把欧阳修等人当作了普通的刀笔小吏，让繁重的官职琐事日复一日地磨损他们。这也是欧阳修等人最不能接受的一点。没有提升而只有重复，对于一颗敏感而充满灵气的心来说，这是一种莫大的折磨。

幸好，欧阳修迎来了一门喜事。

续娶杨氏，让欧阳修得以感受到家庭生活的美满快乐。杨氏娇艳，性情温良，行动处如弱柳扶风。欧阳修与杨氏每天画眉之乐无穷，每日都期待着与彼此厮守，欧阳修仕途上的受挫感也得以减轻，每日只要回到家中，看见杨氏的笑脸，欧阳修深觉幸福美满。

长相思·花似伊

花似伊。柳似伊。花柳青春人别离。低头双泪垂。

长江东。长江西。两岸鸳鸯两处飞。相逢知几时。

《长相思》的词牌名自带着一股甜蜜与承诺，杨氏与欧阳修相见相知，相惜相爱，哪怕是短暂的别离，两人都觉得十分难挨。“花似伊。柳似伊”，一离开家，不见了杨氏，看花也像她，看柳也像她。花柳娇嫩，青春年少时人却要分离。一想到这里，泪珠已然滚下双颊。“长江东。长江西”，相隔两望，却无法相守。鸳鸯两处飞，何时能同归？“相逢知几时”，爱恋如水深。如胶似漆的感情生活，让欧阳修再一次投身于诗书典籍里，他本是一个有无限可能的才子，如今在爱情的滋润下，他更是身心舒畅，下笔如有神。

这样一首充满了闺情的词，让人读完难以忘怀。而情爱之中是有互通之处的，欧阳修为杨氏写的这首词，传唱度非常高。夫妻之间的私语，甜蜜不已。欧阳修与杨氏还有着早起画眉的乐事，两人情感之浓可见一斑。杨氏嫁与欧阳修时也只有十七岁，而且也是出身于高官之家的大家闺秀。

但命运总会在露出一丝微笑之时，突然收回一切恩赐。如此情浓的两人，每日如胶似漆的两人，相处不过一年，杨氏还未过十八岁生日，再次夭亡。“低头双泪垂”，刚刚还在眼前，转眼之间却又是生死相隔，死生不复见。这样的痛苦再次向欧阳修袭来。

生查子·含羞整翠鬟

含羞整翠鬟，得意频相顾。雁柱十三弦，一一春莺语。

娇云容易飞，梦断知何处。深院锁黄昏，阵阵芭蕉雨。

朝夕相处的房间依然如旧，每日同床共寝的情态历历在目。欧阳修的眼里还能看见杨氏含羞整发鬟，眼波流转处，怦然心动。语笑嫣然间，玉手调素琴，“雁柱十三弦”。犹然能忆起，昔日杨氏娇如春莺的言语，两人房里窃窃私语，情到浓时恨不能成一人。一切还似在昨日，仿佛只要一推开门，杨氏就会俏生生立在眼前，向他问好。

“娇云容易飞，梦断知何处”。还是昔日的床，还是昨日的房间，一切如旧的时光，杨氏却再也回不来。娇云如同杨氏行走坐卧时的姿态，梦里似乎再一次拥她入怀，却一恍惚间梦断不知归处。再醒来已是黄昏雨下，声声滴沥，深院寂静。这样的黄昏，适合相伴相依，不适合相忆相思。词里最后的画面定格在黄昏芭蕉雨，再无声息。

如果不是真的爱过，哪里会有这样伤怀而痛苦的心情？因为爱过那个人，所以连回忆里都充满了甜蜜的惩罚。欧阳修的词之所以动人，不在于其使用过多的辞藻，而在于平凡景物、平凡故事里的催人泪下。每个人一生都会经历很多次的得到与失去，有时我们自己都分不清，哪些失去反而是得到，哪些得到却成为了失去。

而人生的吊诡也在于此，因为得失无法衡量。拥有杨氏时的甜蜜与失去杨氏时的痛苦，哪一种重，哪一种轻，已然不可得知。蓦然旧事上心来，失去胥氏，惜别钱惟演，失去与胥氏的孩子，失去杨氏，种种失去汇成了欧阳修巨大的苦痛。

就像欧阳修在《踏莎行·雨霁风光》（见第 43 页）所写的，没有一种相思是有解药的，爱情能让人忘记时光，时光也能让人忘记爱情。即使再不舍，时光依然不会停止转动。雨停了，风散了，春分时节又来临了。花依然会开，哪怕花泥里藏着去年一起赏过的娇艳。画梁之上又有了新燕啼啭，一声一声已经找不到旧年痕迹。梁下的鹦鹉一语不发，却没有睡去，似乎是因为孤独而无法入眠。墙边的薜荔依然绿着，满地的青苔还是如旧。远远传来的几声歌咏，隐隐约约。这样的时节里，旧事突上心头，没有察觉时，眉头已然紧锁。

越是这样的如旧，越是让人难受。旧事上心头，却改变不了现实半分。静谧的院子、杳无归处的歌声，此刻一切的情绪都只能自己品尝，旧事翻涌在胸膛，一语不发之际正是内心汹涌难过之时。总有这样的时刻，只能独自坚强，遇过的人，见过的事，一丝丝一缕缕化成了磨人的情思。后悔过什么，拥有过什么，遗憾过什么，难忘着什么，都只凝成了深深锁起的眉头，不泄露一丝心事。

王曙对于欧阳修的才学还是有着期待与赞赏的，但是已近古稀之年的他，越是期待，就越是严格。欧阳修的顶撞与直率，正是少年心性的体现，要过了很久之后，欧阳修才会明白。其实每个人都有这样的心路历程，每个人都有着年少气盛的阶段，但是年少气盛并不能解决什么，也代表不了什么。生活就像突然而至的失去，默然接受，直至内心强大。

值得庆幸的是，即使被生活几番打击，欧阳修依然没有失去观事切直的犀利。他依然有着凌厉的目光，处世思虑却在时光的打磨中越发成熟。这样的成长对于欧阳修来说，直接就体现为诗词的隽永。一个词人写出来的词是心灵的镜子，心中有什么，词里就显现什么。欧阳修保留了年少的冲劲，也未失去应有的成长与磨砺。他的内心依然有着少年的赤子之心，但却不再那般冲动，无言敛皱的时光里，他学会了沉着。

不见去年人，泪满春衫袖

每一种相逢都有其隐含的意义，与有些人的相逢，教会了自己如何去珍惜。与有些人的相逢，则是为了告诉自己什么叫取舍。

此时的欧阳修，已经在官场里历练了几年，很多东西不说全部精通，但也至少有所耳闻。在北宋这个以才学为重的官场上，善于学习、善于总结、性格随和的欧阳修结交了很多朋友。但是一个圈子的形成，往往意味着把自己隔离在了其他的圈子以外。那时的欧阳修，相交最好的是范仲淹。因为彼此之间性情相似，都是小户之家出身，与出身权贵之家的官员有着天生的隔阂。

也可以理解，朋友相交，也讲究门当户对。欧阳修与范仲淹是相互欣赏的，而彼此之间的出身也让两人能惺惺相惜。再加上范仲淹的性格是直抒胸臆，很多朝堂政事都是直接表明观点。如若不然，范仲淹也不会发出“先天下之忧而忧，后天下之乐而乐”的慨叹。欧阳修家教谨严，认为官员是必须为民办实事，所以在任上时，对于权贵之家的腐败非常痛恨。

范仲淹当时任吏部员外郎，职责所在，他有权对于朝廷人事提出建议。范仲淹性格直率，议事一针见血，对于官员之间的勾结深恶痛绝。只是很多东西并不是一味的反感厌恶就能得到解决的。政见不和，上升到朝廷之上，就是朋党之争。那时的范仲淹虽然位居高官，地位仅次于吏部侍郎，但是他要斗争的官员是当时的宰相吕夷简。欧阳修与范仲淹同为一个圈子之中的人，即使齐心协力，仍觉压力深重。

渔家傲·荷叶田田青照水

荷叶田田青照水。孤舟挽在花阴底。昨夜萧萧疏雨坠。悉不寐。朝来又觉西风起。

雨摆风摇金蕊碎。合欢枝上香房翠。莲子与人长厮类。无好意。年年苦在中心里。

在这里，我们有必要再次誊录一下欧阳修的这首《渔家傲》。这首词以景写人，一片静谧的池塘里，荷叶青翠照水十分可爱。荷花绽放，孤舟一片静静停在花阴底下。两句词交代了环境与气氛，安静之中带着寂寥。只有心境的寂寥才能写出这般寂静的文字，昨夜雨声稀疏，渐或滴答的雨声持续了一夜，词人一夜无眠。及至起早，又觉得冷冷的西风吹散，本应该清爽清新的早晨，在词人的心境映衬下，莫名沾染了一些无奈与疲倦。

此时的荷塘已经成了词人心房。荷花荷叶的遭遇就是词人的心事。雨水飘摇，风声呼啸，荷花的花蕊被打碎，不知打碎后的荷花能否感到疼痛。越是美好的事物越难持久，越是美丽的存在反而越容易失去。冰清玉洁的荷花即使穿破了淤泥亭亭玉立，也难免遭到风吹雨打，受尽苦楚。人活着就要接受现实，花开了也就避免不了被淋湿、被打碎。合欢花在房上青翠，也只有莲子像人心一般，花开时藏在中心，雨打风吹后结成莲子，也无欢喜之意。不论是哪一年的莲子，都像是人心一般，苦在中心里。

这种苦不能与人说，人生之中很多的苦都是如此。能与人说的委屈，便不叫委屈。能与人言的苦，便不能叫作苦。此时的欧阳修于公元 1034 年，也就是景佑元年，召试学士院，授宣德郎。这时的他已经 27 岁，作为馆阁校勘，参与编修《崇文总目》。学问上的精进，意味着欧阳修在人生观上的成熟。

诉衷情·歌时眉黛舞时腰

歌时眉黛舞时腰。无处不妖娆。初剪菊、欲登高。天气怯鲛绡。

紫丝障，绿杨桥。路迢迢。酒阑歌罢，一度归时，一度魂消。

因为见惯了歌舞楼台，所以欧阳修在审美上越来越高超。高朋满座，宾客往来，“座中人常满，杯中酒不空”。热闹和喧嚣的背后，是藏着的隐忍与坚持。“歌时眉黛舞时腰，无处不妖娆”。歌舞表演时的生动妖娆，眉黛之美好如在眼前。剪菊之时，正是初秋。在初秋之时，适合登高。而这样的天气里，杨桥绿，路遥远。

热闹的团聚，喧嚣的歌舞，饮酒高歌，人生快意。多少的惆怅化作了杯中之酒，一饮而尽。多少的思绪化作高歌时的慷慨激昂，一度归时，一度魂消。一个男人的成长，多是在拼搏中，一个男人的成熟，则必须经历打击与坎坷。欧阳修遇到过胥偃这样的贵人，也遇到过钱惟演这样的知音。

但是在官场上见得越多，很多东西便似荷塘里的风景，初看时叶叶清圆，花开如锦，细细看去，枝枝蔓蔓纠缠不清。越是了解得多，越是无言时多。也许每个人都有属于自己的圈子，欧阳修与朋友们把酒唱和，共商时事。

《崇文总目》的编修是一项细致而需要考究的工作，需要深研史学。欧阳修的才华并不仅仅止于写诗作词，他的才华有很多种可能。常年的读书习文，让欧阳修视力急剧下降，但他读史学，研史书，思考历史的脚步从未停下。那时的官员，就是社会精英的代表，不仅能写诗作赋，公事管理，史学文化都有很深的造诣。没有一定的文化素养是不能成为一个好官的。而欧阳修修身之道又居于其他官员之上，所以他投入了大量的时间与精力来编修《崇文总目》。

一个人在官场上的政见可能会影响到他的前途，但一个人的才华却是他在官场上的底气。欧阳修事事处理妥帖，为人乐于付出，处世精干。此时的欧阳修每天的重要工作就是遍览皇家书馆里所有的史籍藏书，学者之气质越加突显。只是唯一的缺点就在于观事过于尖锐，再加上办事公正，提倡办实事，说真话，提倡古文运动中的简达，所以发表言论很是直接。

渔家傲·暖日迟迟花袅袅

暖日迟迟花袅袅。人将红粉争花好。花不能言惟解笑。金壶倒。花开未老人年少。

车马九门来扰扰。行人莫羡长安道。丹禁漏声衢鼓报。催昏晓。长安城里人先老。

暖日迟迟，意味着气温上升比较慢，这样的天气最适合开花，各种花卉争艳。这时的人们纷纷评论着花与人之间的好处。传说中花能解语，但是花不能言语，只能用绽放来表达心绪。一丛丛姿情争艳的花朵，映衬着酒壶金杯，这样的时节里，花正开时人正年少。如此良辰美景，最适合欢聚。

来往的宾客们从四面八方来到这里，熙熙攘攘聚在这里，高声言笑，热闹非凡，这样的时刻里越是开怀，越是思念。陪自己一同欢笑的人有太多，而陪自己一同哭泣的人则太少。花开未老之时，正当年的青春时光里，看似花团锦簇的生活，却有着不能与人说的隐忧。行人莫羡长安道，热闹欢欣只是表面，从早到晚的欢聚里，疲累随着时光的流逝渐渐深重。“长安城里人先老”。在这里，老是一个动词，并不是形容词。只有深刻地理解了长安的生活，才能明白老的意义。

很多人看待生活只看表面，如果一个人生活无忧，衣食无愁，那么就可以说他是幸福的。但是太多的事情说明了，生活不仅仅是表面上的平稳顺遂，很多时候衣食优渥的人承担的苦痛无法言说。欧阳修即是如此，越是在官场上待得久，他性格中的冲突就越大。他的智慧让他能看透各种人的性情，他的才学也让他牢牢占据一个位置而不为人所动。正是因为如此，他的痛苦才来得更为深刻。

因为看透，所以无法逃避；因为精干，所以无法假装糊涂。政治上的敏感让他知道，士族抱团形成的利益集团已经越来越牢固，而奢靡的文风下掩盖不住的享乐也让北宋持续积弱。欧阳修能享乐，但不代表他只会享乐。他的享乐是年少苦读时偶获一本《昌黎先生集》的雀跃，他的享乐是与夫人画眉赏花时的安宁，他的享乐更是眼看着山水之美时的内心充实。

但是现实不允许他一味沉浸在自欺欺人的乐观里。

蝶恋花·画阁归来春又晚

画阁归来春又晚。燕子双飞，柳软桃花浅。细雨满天风满院。愁眉敛尽无人见。

独倚阑干心绪乱。芳草芊绵，尚忆江南岸。风月无情人暗换。旧游如梦空肠断。

在这首词里，欧阳修使用的字句都是委婉而简单的，他的词里出现最多的都是画阁与柳，还有花草与燕子。其实在古代的诗词文化里，以物喻人最为常见。欧阳修心情其实是复杂而充满愁绪的。景物依然是那样的景物，但是看景的眼光不同，那么景物给人的感觉自然不同。

“画阁归来春又晚”，一个“又”字，突显了时间的迅疾。“燕子双飞”，两只燕子给人以景物动感之美。“柳软桃花浅”，一个“软”字突出了柳叶的轻柔娇俏，软嫩可爱。形容桃花用了一个“浅”字，不着一字色彩却让人知道桃花尚小，颜色尚浅。

这样的时节里，细雨满天，密密扑面而来，笼罩了整个天空。“风满院”三个字则点明了风量与风速，不似东风般绵软，不似秋风般萧瑟，这个时节的风雨浩大却并不寒冷，细腻又不失力量。独立院中看着这风雨桃花，哪怕眉头再皱，也无人看见。独自一人靠着栏杆，心绪纷乱，却言语不得。江南岸的风景尚在心中，风月却无情偷换，还记得一起游历过的风景吧？已经似梦一般不真实，空留我一人肠断无人知。

山雨欲来风满楼，欧阳修“细雨满天风满院”的心绪里，是对自己命运的预感。

楼高不见章台路

花开得越是繁华，越是接近花落的尾声。

北宋开国之后，几代间从骑马征战到缩居一角。那时的北宋皇帝只愿做太平君王，不愿再征战开拓。重文轻武，一切资源与条件都倾向于文化。这样的政策让北宋的文化辉煌灿烂，也让北宋的政治日趋腐败。文化需富养，但是一个国家的稳定则必须依赖于强大的军事与高效的吏治，但恰恰这两点北宋都没有。

以范仲淹为首的新政派，对北宋的现状深觉痛心。长期积弱的北宋，甚至已经没有了一战的力量与勇气。此时的欧阳修则已经鳏居两年，他失去胥氏，又失去杨氏之后，甚至不敢再轻易说续弦。官场的磨炼与才学的精进，让他得以更深入地了解人世与情感。甚至，对于欧阳修来说，不再轻易地开始反而更能让他不再失望。最痛苦的不是失去，而是拥有时太过幸福。

蝶恋花·庭院深深深几许

庭院深深深几许，杨柳堆烟，帘幕无重数。玉勒雕鞍游冶处，楼高不见章台路。

雨横风狂三月暮，门掩黄昏，无计留春住。泪眼问花花不语，乱红飞过秋千去。

庭院深深，究竟有多深？杨柳厚重，堆出阵阵如烟。帘幕无穷。曾经骑马赏玩之处，现在已经看不见章台路。雨肆虐，风狂啸，三月暮春之时。掩上门，也掩上了门外的黄昏。无力挽留春，只能看春离去。泪眼迷离内心问花，花却沉默不语。只有一阵风吹，吹起粉红花瓣，吹过秋千。这首欧阳修最负盛名的词形象生动，情感含蓄，细腻地描画了词人的心境。欧阳修这首词传唱千古，开篇一句“庭院深深深几许”已经引人入境。深宅大院里的院落，一重复一重，杨柳堆烟时，正是早晨杨柳被雾气笼罩的样子。深深的庭院里，杨柳在雾气的笼罩下几乎把世间描成了一幅水墨画。悠深的景致里，帘幕无重数，这样深的宅院里，要想望见归人，望见远处，哪怕是独处高楼之上，也难看见章台路。

此时的欧阳修正如此间的妇人，被禁锢与被隔绝的心灵里，呼唤着理解，呼唤着变化。雨横风狂是何种景色？这样的三月让人心惊，又让人难挨。黄昏已至，门掩重锁，春来春去，也无法去挽留。残春将逝，时光一去不回头。“泪眼问花花不语，乱红飞过秋千去”。什么也做不了的时候，也就只能以泪相送，咽下苦痛。无人同情，怅然若失。整首词一句未提愁，却句句都是愁。

没有人理解是一种难以承受的痛苦，但无人理解之时，还能静静守住内心的清明也不失为一种福气。欧阳修终于还是在母亲期待的眼神里结束了鳏居两年的日子，迎娶了薛氏。薛氏是户部侍郎之女，与调回京城、前途光明的欧阳修极为登对。

当时的欧阳修与范仲淹认为宰相吕夷简在朝廷结交朋党，把整个官场搞得乌烟瘴气，极不公平。范仲淹直接画出了一幅“百官图”。里面把所有有勾结的官员姓名、关系、头像全部勾勒了出来。

“百官图”一出，吕夷简的人际权力脉络全部显现。吕夷简气到要吐血，把范仲淹和欧阳修视作眼中钉、肉中刺。对范仲淹来说，吕夷简以权谋私，利用自己的权力，构建官僚体系网是一种知法犯法的行为。更为严重的是，吕夷简把持朝政，官官相护勾结成风，甚至影响到了律法公正。当时的宋仁宗对于吕夷简还存有信任，范仲淹的“百官图”却是让宋仁宗有所醒悟。

对于政治来说，很多东西都是只可意会不可言传的。宋仁宗的默许与不表态，在一定程度上激励了范仲淹和欧阳修等人。而吕夷简任宰相多年，即使是宋仁宗也一时无可奈何。此时的欧阳修在范仲淹看来，是属于年少气盛、正直敢言的队友，两人之间的交流逐渐密切，对于朝廷时事也有相同的看法。

人世间相投相契的性格总是因为共同的人生观，小人党而不群，君子群而不党。这样的相知不同于官官相护的结党营私，而是相互之间的共同观点，没有私利驱使，所以更显纯粹与自然。范仲淹与欧阳修之间的情感类似于理想主义，两人性情都是直率而本真，以公平办事和为民做主为做人原则。以诗文唱和，以酒交友，明月清风，自在相处。

浪淘沙·今日北池游

今日北池游。漾漾轻舟。波光潋滟柳条柔。如此春来春又去，白了人头。

好妓好歌喉。不醉难休。劝君满满酌金瓯。纵使花时常病酒，也是风流。

时光催人老，北池游历，轻舟泛波，阳光洒在湖面上波光粼粼，柳条轻摆似柔风拂过。一春又一春，一岁又一岁，如此这般，黑发不由染上一点白。歌声醉人，不醉不归。一起喝酒的朋友们，满饮此杯。即使是带着微恙喝酒，也是风流逸事一桩。男人的世界也许便是如此，有太多得志与不得志，有太多受挫与受打击，只能一件件一桩桩默默倒进酒里，一句句一声声化作酒洒入胸怀。

宋仁宗晦暗难明的态度，朝廷里来自吕夷简集团的压力与挑拨，都化成了酒，深深地辣进喉咙里，流淌进身体里。越是这样的时刻，互相之间的扶持与支撑越显重要，人生就像是一场路过，即使明知胜负不明，也要直抒胸臆，做一番痛快之事。正如“花时常病酒，也是风流”。路见不平，拔刀相助，眼有不公，仗义执言，君子当如此，才不愧天子信任，黎民信赖。

这时的范仲淹已经能明显感觉到朝廷内外的各种压力，吕夷简把持朝政多年，其根系与力量之广泛远非他们所能想象。在如此大的压力之下，欧阳修依然坚持自己的政见，哪怕是螳臂当车，依然是坚决而执拗地提出反对吕夷简的意见。但相比于范仲淹、欧阳修的直率，身居相位多年的吕夷简更善于揣测帝心，言行举止谦恭而有礼，不露破绽。即使范仲淹列出了“百官图”，吕夷简依然辩称是举贤不避亲，并且列举出“百官图”中诸多官员的政绩与贡献，让宋仁宗一时难辨真伪。

蝶恋花·面旋落花风荡漾

面旋落花风荡漾。柳重烟深，雪絮飞来往。雨后轻寒犹未放。春愁酒病成惆怅。

枕畔屏山围碧浪。翠被华灯，夜夜空相向。寂寞起来褰绣幌。月明正在梨花上。

迎风吹来的落花随风荡漾，这样的时节柳条深重，晨烟弥漫，似雪絮飞舞。天气依然还有寒凉之意，因为寒冷所以落花凋零时都还未全部绽放。心中有着愁绪，拿着酒杯以遣情怀却发现依然是惆怅郁郁。

头靠着屏风，围坐在被子里，看着灯光一人独坐。心中忧愁难排，难以入眠，只能是披衣起来到处走走。了无睡意的深夜里，梨花枝头点点月光，照不亮心头那一抹孤寂。

总是有这样的时刻的，不是没有话可说，而是想说的话太多，到末了，反而是一声不吭，只余一声叹息。因为说出来也不一定有人听得懂，甚至说出来反而会变成他人攻击自己的理由，于是什么也不说，只是深深埋在自己心里，让心事陪着自己，世事就像照耀在梨花上的月光，如水般灿烂，却沾染不了半分梨花的颜色，也无法真正相依相伴，随风移动后，梨花、月光再不相干。

欧阳修是寂寞的，也是坚持的。以他的才学，完全有能力去为自己谋一个更大的官职，只是内心的坚守让他明白自己不可能如此行事。君子有所为，有所不为。志向比现实的高官厚禄更为重要。欧阳修是这样做的，也是这样坚持的。他的母亲郑氏也隐隐明白自己孩子的情绪，但是作为母亲，她什么也做不了。

有得必有失，这样的坚守在某些人看来完全是迂腐，但在有些人看来，却是难能可贵的操守。他的岳父反而很赞赏他这样的坚守，自己女儿回娘家，他都教导薛氏要敬重婆婆，管好家事。在欧阳修看来，如此的处境下，能有范仲淹在前为其引路指点，坚守情操，能有夫人薛氏在后为其料理家事，侍奉母亲，这也算是恩赐了。

只是欧阳修怎么也想不到，当吕夷简还没有反击时，范仲淹自己就惹恼了宋仁宗。

笙歌散尽游人去

患难见真情，此话千金不易。

此时的范仲淹对于吕夷简保护伞护佑下的官员深恶痛绝。北宋偏安于一隅，长期积弱。范仲淹作为一名政治家，认为要想保北宋社稷长久，应该迁都洛阳。当时的北宋都城在汴京，这里风物茂盛，气候宜人，但在军事位置上来看，过于靠后，一旦发生战事，不能及时掌握先机，也不利于调动军队。

再加上此时辽与西夏蠢蠢欲动，数次试探北宋。范仲淹认为北宋此时迁都可以震慑辽与西夏，且迁都后，北宋的战略调控更为方便，有利于日后的江山社稷。但是宋仁宗的性格是属于居安不思危类型，再加上几代人的平安顺遂已经让他认为自身相当强大，认为辽与西夏不足为惧。

这样的心态，让宋仁宗难以听进范仲淹的建议。而范仲淹几次上书不成，倔脾气又上来了。从客观上来看，范仲淹的分析非常在理，当时的北宋如果能听取他的建议迁都洛阳，自然就能少了很多后来的无妄之灾。但是范仲淹在情绪的处理上远远未达到吕夷简的程度，他直书胸臆：“洛阳险固，而汴为四战之地。太平宜居汴，即有事必居洛阳！”如此严肃而不容置喙的语气让宋仁宗非常不舒服。

作为一国之君，宋仁宗的性情实际上非常亲人。但是范仲淹这样类似于教训的语气其实已经近于批判，宋仁宗当时并未表态，只是沉吟不语。范仲淹也深为气愤，从军事上看，迁都洛阳是必行之策，但宋仁宗的态度让他内心十分难受。情急这下，范仲淹才说出了太平之君这等话语。

因为惜才，也因体恤范仲淹一片爱国之心，宋仁宗并未言语其他。但是说者无心，听者有意，人世间很多事情就在于一个传达与解释。两个当事人并未有其他想法，但这些话传到宰相吕夷简耳里，却有了另一番味道。吕夷简身居相位多年，深知宋仁宗的脾性，也自然知道宋仁宗最不爱听什么。

这次范仲淹的进言，说得好听那是忠心为国，说得难听，那就是威胁皇上。什么叫太平之君才居汴京，言语里的意思就是说宋仁宗偏安于一隅，不思进取，安于享乐。吕夷简如此这般分析后，宋仁宗本来就不开心的心里，更是不痛快。但是宋仁宗之所以当得起一个“仁”字，就在于他的性情以仁义为重，不爱杀一儆百。所以即使此刻的吕夷简再三地火上加油，宋仁宗也并未表态。

但心情难以平复的范仲淹此时却做出了让人震惊之事，为了向宋仁宗进一步说明迁都的迫切性，范仲淹连写“四论”，与宋仁宗开始了强势争论。对于欧阳修来说，这样的局面是他所不想看到的，但是此时的范仲淹已经开始了一系列的批判，他针对宋仁宗的态度，撰写了一大篇批判盲目乐观、批判苟且偷安、批判当政者不思进取的文章。这样的文章直接激怒了宋仁宗。

吕夷简趁机落井下石，联合一众官员弹劾范仲淹。

蝶恋花·永日环堤乘彩舫

永日环堤乘彩舫。烟草萧疏，恰似晴江上。水浸碧天风皱浪。菱花荇蔓随双桨。

红粉佳人翻丽唱。惊起鸳鸯，两两飞相向。且把金尊倾美酿。休思往事成惆怅。

如急火烧眉，欧阳修内心的焦灼难以言表，一众官员的弹劾让范仲淹的处境越来越不妙。即使是往日里的景色也不复往日里的心绪。“永日环堤乘彩舫”，绚丽的彩舟载着游人们一起行至江中赏景。烟草稀疏的岸边上，晴天的江面上，水漫天的景色里，风吹波浪远，船桨上的菱花荇蔓跟随着前进。彩舟上的红粉丽人们唱着曲子，声音曼妙，却惊起了江中鸳鸯，两相而飞。这样的季节，如此的风景，还是把酒言欢更好，不再想往事，不需再想人生，一切都是惆怅与落寞。

如果不是失望到了极致，如果不是难受到了顶端，怎么会说往事休提？因为不堪回首，也因为不想思考这一切是如何走到这一步，更因为个中原因不说也罢，那就把一切化进酒里。人是一种很奇怪的动物，一点委屈可以讲述时，那还有解释的必要。如果委屈大到不愿言说，便会把委屈化进骨骼里，融进岁月的年轮里，一圈一圈，只有等到时过境迁，只有等到那个懂的人出现，才会把故事再次引出来，化作人生百态，笑语轻谈。

范仲淹被攻击，却不改初心。而欧阳修更是激流勇进，把这朝政腐败、国力日下的现状归因为官员冗余。这一切都直接碰触到了既得利益集团的神经，他们很快开始全面反扑。吕夷简利用自己宰相的职权，把范仲淹贬出京师，成为饶州太守。欧阳修仗义执言，上书欲救范仲淹。这样的时刻还去上书，岂不是死路一条？果然，欧阳修被贬夷州县令。

一个饶州，一个夷州，两座小山城里，两个未来史书留名的名臣各自遭贬。对于饶州和夷州的百姓来说，能遇到这样两位父母官是他们的幸运。欧阳修挥别京师时，目光复杂。

玉楼春·别后不知君远近

别后不知君远近。触目凄凉多少闷。渐行渐远渐无书，水阔鱼沉何处问。

夜深风竹敲秋韵。万叶千声皆是恨。故欹单枕梦中寻，梦又不成灯又烬。

因为替范仲淹辩护，而被贬至夷州。信里满是深深的感情，一载分别后，再不知道君的情况，入目的所有风景都自带着凄凉与苦闷。心情已然是了无心思，不用自己的语气表达思念，而是用那个想念的人来表达思念。情至深处无怨尤，只是对近况的平铺直叙，就能让人动容。

不论是借哪一个人的角色来表达思念之情，情感的浓度都是一样的。相互之间的思念已然同步，分别之后，你不知道我在何方，我亦不知道你在哪里。远近不可知，行走坐卧不可知。唯一能感受到的就是，你一点一点地远离了我。远离是一种求而不得的无奈，一点一滴，看着情感冷却，一丝一毫感受着分离的侵蚀。没有音信，没有回馈，没有往来书信。这样宽阔的水面，连可以传书的鱼也沉入了水底，再不能见。不知去哪里寻找一个愿意为我送信的人，更不知道何处有人可以告知我你的消息。

每到夜色深浓，风吹过竹子，那是萧瑟的秋声，而没有人在的时光里，这秋声就像是我的心声，无比萧条与寂寞。想念的时刻，多希望自己可以赶快入睡，这样就可以在梦中相见。却不料相思成灾，夜如此长，还未曾入眠，灯芯已然燃尽，而夜越发深了。整首词里，看不到半分怨恨，只有对那个人的关怀。因为不知近况所以担忧，甚至只想求得一面以解相思之苦。

“渐行渐远渐无书”，越是分离远，越是音信绝。距离冲散了思念，也冲开了知音。这是谁也避不开的现实，更是每个人都无解的常态。不愿意分离的原因里，只怕也有这样一种担忧，担心“渐行渐远渐无书”。两人都被贬谪，再相知的情感也怕因为距离而疏远。那个时代里，互相之间能收到一封书信已是非常难得之事。渐行，渐远，渐无书，时间与空间的距离在三个渐字中拉远，读之令人垂泪。

在男人的世界里，相知相惜更为难得。因为这要跨越生存的斗争，跨越同人的排挤，跨越猜忌与距离。但男人的世界里，相知相惜也胜在天然。因为懂得，所以很容易就能明白彼此的心意。志同道合者相知久矣。

虽然被贬谪，欧阳修却并未失去生活的信心。

“群芳过后西湖好，狼籍残红。飞絮濛濛。垂柳阑干尽日风。笙歌散尽游人去，始觉春空。垂下帘栊。双燕归来细雨中。”西湖百花凋谢的时节，残缺的花朵在空中飞翔。柳絮飞舞的时节里，枝条摇曳多姿，春风温柔。此时游览西湖的人们已经散去，笙歌散去，寂寞而安宁的日子里，回到自己的居室，把窗帘拉上，这样的安静时分，看着燕子归来，细雨蒙蒙。

“笙歌散尽游人去”。如果人生落幕，一切看热闹的、鼓掌拍肩的都已经离开了自己。天地之间只留下自己，这样的时刻里，需要独自清醒的悟性。欧阳修具有这样的悟性，也有这样的心态。那时的他，因为忤逆宰相等权贵而受到贬谪，因此在夷州受到了百姓的敬重。

人生之事，起起伏伏在所难免，越是在低谷期，心态的作用越重要。欧阳修为人直率诚挚，只要是自己认为对的事，他会坚持到底，付出再大的代价也在所不惜。范仲淹也是如此，因此两人同遭贬谪时，却只感怀知己分离，内心却感到温暖。这是一种灵魂相惜带来的归属感，也是一种不会因为时间流逝而磨损的情感。

惜别与“始觉春空”，在这两种情绪下，欧阳修带着妻子一同来到夷州。

妻子薛氏与欧阳修新婚不久便随他一起来到夷州，薛氏贤惠又知礼，对于丈夫的调动无怨无悔。对于欧阳修来说，能娶到这样的妻子实在是莫大的福气。更让欧阳修想不到的是，来到夷州没多久，妻子就给了他一个惊喜。

第五章

宦海沉浮，滁州多山人生多艰

无言敛皱眉山翠

走得高了，能感受天高云淡。但在低处，才能看见一朵花开的细致美好。

只是人生很多的纠结，就在于处于高处时欣赏不了天高云淡之美，而处于低处时，又无法静心看一朵花开的细致。

欧阳修却不是。

天性达观乐天的他，带着新夫人薛氏与范仲淹分别后，踏上了去往夷州之路。来到夷州后，欧阳修没有其他想法，高处有高处的美，低处有低处的景。他的上司敬佩他的为人，专门拨款给他建居所。观事切直的欧阳修，来到夷州之后，作风习气依然不改，就事论事，爱民如子。

当然，失落还是有的，来到夷州最大的变化就是生活与朋友圈。但夷州民风淳朴，官风正直。这符合欧阳修的脾性，再加上夷州风景优美，气候宜人，反而让欧阳修与夫人感到清新与舒畅。这里的条件自然与京师不能相比，但这里的氛围与宁静，也是云谲波诡的京师所没有的。

欧阳修也曾写下“曾是洛阳花下客，野芳虽晚不须嗟”，字里行间，慨叹着人生际遇。如果一切不可预期，那么即使现在失去了，想一想，只要曾经拥有，那便无悔经历过这一切。这是一种达观，也是一种放手后的释然。人生最苦，莫过于失去后追悔莫及。已经无法改变的、无法追回的，就放手，就放弃，还自己一片碧海蓝天，毕竟人生不仅是曾经，还有更远的未来。

来到夷州之后，欧阳修的夫人薛氏很快怀孕了。对于欧阳修来说，这样的喜事不仅冲淡了被贬谪的苦闷，更让他放宽心寄情于山水之间，正如退则修身养性。很多时候便是如此，天下不可能人人都雄才大略，更不可能人人都是扭转乾坤的大英雄。大部分的人，都是平凡过一生，守着家人，守着妻儿。而世界也是由这样平凡的人构成的。欧阳修进可治国，退可齐家，不因外物而喜悲，这样的人生，才是真正属于自己的。

减字木兰花·留春不住

留春不住。燕老莺慵无觅处。说似残春。一老应无却少人。

风和月好。办得黄金须买笑。爱惜芳时。莫待无花空折枝。

如果已经知道一切留不住，那么不如享受此刻。燕子已老，莺儿慵懒，再也寻觅不到地方。残春如许，人少寂寞之时，静看花落叶凋。花好月圆之时，风清月明，最适合欢声笑语。人生的每一刻只要逝去，就不再归来。爱惜已经拥有的一切，不要在花落时再感慨未把握花时。每一刻都是唯一，每一刻都是无法复制的人生。

劝人惜时的诗词有很多，但是欧阳修却胜在以景色喻人生。花开花落是一个轮回，山水不变，人生不变，改变的只是年年此处饮酒欢唱的人。人世间把握不住的东西有太多太多，因为无从把握，所以不如自在享受。如果生活给予的是苦涩，那么含笑咽下。如果生活赋予的是甜蜜，那就细细品尝。

一身才学，困于夷州，“无言敛皱眉山翠”之时，眼光放远一些。

山水之间有真意。

欧阳修此时安享居家生活，每日办理公事完毕，就回家陪伴妻儿老小。人的精神修养看似无用，无法折算成金钱，却能在人生起伏之时，给予人最安稳的支撑。欧阳修深受儒家思想影响，在意的是是否活出真我，是否言为心所知。回望旧事，在京师的每一天，都是尽忠职守、畅快度日的每一天。如果没有什么可后悔的，那么一切就是“吾心安处即家乡”。

其实欧阳修的新夫人薛氏，是薛家二女儿，她还有姐妹。薛氏的大女儿嫁给了欧阳修的同窗王拱辰，所以续娶薛氏之后，欧阳修与那个调皮活泼的状元郎王拱辰成了亲戚。而王拱辰娶了薛家大女儿后不久，薛家大女儿不幸夭亡。后来王拱辰续娶了薛家三女儿，再一次成为了薛家女婿。

就为这事，欧阳修还专门写诗调侃王拱辰：“旧女婿为新女婿，大姨夫作小姨夫”。字里行间，全是浓浓的喜意。而到达贬谪之地的范仲淹也给欧阳修寄来了问候的书信。人生最为难得的，便是结识好友，相互温暖。欧阳修最为开心的也是如此，哪怕世人不理解，哪怕当权者怒目而视，一切的一切都能得到知音的珍惜。

蝶恋花·腊雪初销梅蕊绽

腊雪初销梅蕊绽。梅雪相和，喜鹊穿花转。睡起夕阳迷醉眼。新愁长向东风乱。

瘦觉玉肌罗带缓。红杏梢头，二月春犹浅。望极不来芳信断。音书纵有争如见。

在这首词里，欧阳修写出了腊梅初开时的雪景，“喜鹊穿花转”，清冽的风里带着梅花香味。一觉睡到夕阳西下，眼神迷离时，东风吹来，梅雪相映，鸟儿啁啾叫醒了夕阳。因为越发思念，所以茶饭不思，形容消减，连衣带都已显肥大了。红杏已在枝头，时间不经意间又回转了一遍。望穿了秋水也望不来书信，哪怕不能见面，能有书信也能如见面。

这样的挂念里，最让人动容的便是那句“音书纵有争如见”。因为相隔太远，所以只能寄希望于书信。因为相互记挂，所以思念从冬到春，又从春到夏。二月春还早，一年四季里，挂念不断，只因为心中有彼此，才会如此担心。

欧阳修在夷州的日子平静而自在，妻子的相伴、山水的慰藉，这些都让他逐渐开怀。但欧阳修并不是一个只满足于家庭生活的人。在朝廷之上，依然是吕夷简掌权，朝政依然是被权贵把持。腐败而平庸的官吏让朝廷在民众心中的威信越来越低。欧阳修无法可想，只能是用自己的努力去改变夷州百姓对朝廷的想法。

在夷州，欧阳修只待了短短一年，但是这一年时间里，欧阳修却收获了大量的赞誉。其实民众是最了解世事的，谁为官清廉，谁善于治理，在民众眼里都有最真实的评价。只是悖论就在于，民众最为知悉官员的行为，但提拔官员的却是上司。如果善于逢迎，摸清了上司的脾性，那么自然能得到最快的提拔。

这样的状况古今皆有，深得民众厚待的不一定能受上司青睐。但如果能得到上司的肯定，哪怕是民怨沸腾，也可以得到提拔。这是现实，也是无奈的规则。欧阳修知道这一切，但他并不在意。如果是为了要升官，他也不会因为得罪吕夷简而被贬夷州。

渔家傲·叶重如将青玉亚

叶重如将青玉亚。花轻疑是红绡挂。颜色清新香脱洒。堪长价。牡丹怎得称王者。

雨笔露笺匀彩画。日炉风炭薰兰麝。天与多情丝一把。谁厮惹。千条万缕萦心下。

叶的颜色深重，如青色的玉。花的颜色如此轻盈，似是红绡挂在枝头。用青玉与红绡来比拟颜色，质感顿现。颜色清新、香气洒脱，这样的花朵如此俏丽，有它的存在，牡丹怎么可以称为花中王者？雨水如笔，一笔一笔勾勒出线条，而露水如笺把自然界的花朵变成了美丽的图画。风吹过来，香炉里的炭熏染着兰麝。仿佛是天也多情，赋予这一缕多情柳丝，千条万缕似乎牵扯着无限心事。

坚持意味着孤独。随大流意味着安全，也意味着失去自我。即使是再强大的灵魂，也无法真正与世界隔绝。坚守的同时也是慨叹，寻求同样灵魂的惺惺相惜，才能抵挡千丝万缕的思绪蔓延。词的美好在于朦胧之中的美，未点明半句愁为何物，未说明半点人世沧桑，却在字句之间，描绘了一幅意难平、未说尽的图画。

文学的美好在不同的人生际遇里，用文字传达着每个人都能体会得到的苦楚与辛酸。经历得越多，人生观越成熟。成熟是一种不刺眼的光芒，用岁月与人生酿成好酒，举杯邀知己。越是寂静的时刻，才能把颜色看得如此敏锐，青如玉般沉重，而花如红绡般轻落于枝头。想象奇特而生动，似把我们带到近千年前的那个夜晚，用欧阳修的眼睛，让我们看到了欧阳修家门前的那棵花树。

在夷州只待了一年的欧阳修，在第二年，被调到了湖北乾德当了县令。两个因为反对吕夷简而同时获罪的臣子，各自在自己的小山城里当着小官，料理着自己的生活与心情。欧阳修其实本可以避免被贬谪。因为画“百官图”的是范仲淹，四次上书，与天子力争的也是范仲淹。欧阳修本可以安静地当他的太平官，安静地编写《崇文总目》，但他没有这么做。

三年的贬谪时光，没有折耗掉欧阳修的锐气，反而让欧阳修看清了自我。此时的薛氏已经为他生下了长子欧阳发。其乐融融的家庭生活，让他处世为人更为成熟与稳妥。相比于曾经的莽撞与冒失，他的锐利有了更深的底气，他的才学也有了更深的沉淀。人生起落之间，欧阳修悄然完成了自我的提升。

隔帘风雨闭门时

如果人生是一场必然要谢幕的戏，热闹吹打间，我们明白了情感与共鸣。留白与寂寞之日，则是我们体会人生真味之时。

三年的时光过去，宋仁宗把欧阳修召回朝廷，继续编修《崇文总目》。带着妻子、孩子回到京师的欧阳修，再次融进了这个北宋的权力中心。欧阳修于康定元年，即 1040 年，回到京师之后，过起了闭门读书、不多言语的生活。

此时的欧阳修更像一位学者，思想行走在各类古籍之中，每日的生活就是写史论、读史书，一字一句重现过去年华的风云变化。如果说年少时的欧阳修，血气方刚中带着可见的尖锐，才学过人时有着隐藏不住的锋芒，那么此时的欧阳修，更像是经历了风霜与沉思的隐者，言谈间多了从容。

从容，是对自身认识的深入，因为知道自己不可能成为其他的人，所以原谅了自己，也无悔于自己的所有选择。如果时光重来，一切依然如此，那么便没有什么好去纠缠的，一切都是命定的历程。因为这样的心绪，欧阳修的词里多了自在，多了透彻，更多了一份淡然。

渔家傲（七夕）·喜鹊填河仙浪浅

喜鹊填河仙浪浅。云軿早在星桥畔。街鼓黄昏霞尾暗。炎光敛。

金钩侧倒天西面。

一别经年今始见。新欢往恨知何限。天上佳期贪眷恋。良宵短。人间不合催银箭。

古今文人写的七夕诗词很多，但欧阳修的视角却与人不同。“喜鹊填河”，一个“填”字，把喜鹊的数量与壮观的场面全部表现了出来；“仙浪浅”，在如此多的喜鹊填满天河之后，哪怕是仙浪也变得浅显。云朵做的车驾已经等候在星桥的这头，只等待黄昏晚霞深重之时，就可以相会。不说阳光，不说霞光，只说“霞尾暗。炎光敛”。

“炎光敛”，“炎”字把阳光的炽热与天气时节表达了出来，不说夕阳西下，不说月升乌金落，只用三个字——炎光敛，足以见欧阳修对于文字的驾驭越发纯熟。“金钩侧倒天西面”，金月如钩，侧卧于天空的西面，如画一般的场景已然呈现。“一别经年今始见”，分别已经太久，今天才得以见面。七个字，简短而回味悠长，把时光与相见都勾勒了出来。人间的相遇与分别似乎都可以用这七个字概括。

经年的时光里，“新欢往恨知何限”。因为分别太久，彼此知道需要跨越太多的山山水水才能见面。但是若非亲历，何知其中艰难？人生便是如此，再相知相惜的两人，如果分别太久，那也一样不知道彼此曾经的悲欢离合。如果连相濡以沫的机会都不曾拥有，那么支持彼此坚守的就是唯一的希冀，希望见面时彼此能互相体恤。要知道，跋涉了那么远的荆棘之路，唯一能慰藉的，也就是爱人与知己的怀抱、肩膀。

新欢往恨已经远去，只叹分别的你我已然有了不同的人生故事。万幸的是，一切情感都还在原处，人生喜相逢，喜相知，喜相聚。别再奇怪为何我们如此贪恋相聚时的分分秒秒，这只是因为相聚的佳期太短。用来拥抱尚且不够，如何能再用来诉苦与哀愁呢？有欢喜有惆怅，还没来得及倾诉，佳期已经结束。因为相聚太短，不舍得用来彼此埋怨，也不舍得用来彼此痛哭。

良宵如此短暂，好似一切都未来得及倾诉，好似一切都未交代清楚，分离又来到了眼前。“人间不合催银箭”。银箭似飞，难以追回，只能把相会时的点滴都拿来回忆，一字一句反复咀嚼。诗书里的字字句句都会内化为灵魂里的香气，成为孤寂时的支撑。

这次回京后，北宋长期积弱的弊病越发明显，庆历三年（公元1043年），西夏与北宋开战，一向只知享乐与诗词歌赋的北宋吃了败仗。这一仗打下来，宋仁宗真正了解了国力的虚实。宋仁宗在这次败仗里，看到了官员之间的推诿，看见了国力虚弱，看到了国家养了如此多的官员，却反而被这群庸吏所拖累。

最初的宋仁宗以为自己可以做一位太平之君王，只需要在汴京管理这偌大的天下即可。这也是当初他听不进范仲淹的进言的原因，认为范仲淹言过其实，反而刺痛了他的自尊心。即使感动于他们的爱国之心，宋仁宗依然未做任何表态，任由吕夷简借故贬谪他二人。

而这次败仗之后，宋仁宗下定决心，认为当下朝廷有如此决心与能力来清除冗员的，只有欧阳修。在此情境下，欧阳修于1043年得以升为右正言、知制诰。如果换了别人，由此而升官，自然是感慨苦尽甘来。但是欧阳修贬官是因为进言劝谏，此次得到提拔也只是宋仁宗终于认清了事实。思及此，欧阳修反而淡然如初，丝毫未觉有何可开心之处。

其实很容易理解，几年前范仲淹不惜忤逆上书，最后却只能落得个贬出京师。而自己因为上书劝解，也落得个贬出京师。几年时光倏忽而逝，劳民伤财，兵败西夏之时，才意识到什么是现实。这样的理解来得太晚，代价也未尝太大。如果当时就能意识到这一切，果断采取行动，今日何会死伤如此？

玉楼春·残春一夜狂风雨

残春一夜狂风雨。断送红飞花落树。人心花意待留春，春色无情容易去。

高楼把酒愁独语。借问春归何处所。暮云空阔不知音，惟有绿杨芳草路。

残春一夜，风雨如晦，红花翩飞，飞离树木，断送一场好春意。人的心、花的情意都想着留住这春天，但无情的春天哪里那么容易留住，依然离去不回头。独自在高楼喝着酒自言自语。想知道春天离开了此处，又到了哪里。言语在高楼里消失，杳无回音，暮云开阔，再也找不到归处。只有“绿杨芳草路”不言不语。

只有惜春之人，才能明白春天之可贵，越难能可贵的东西，越难保存与拥有。只能劝自己享受当下，不问来途，不问归处。残春如许，幸好一切终未太晚，还可以再一次拥有与畅想。宋仁宗再一次把信任给予了欧阳修，欧阳修内心寂寂，却终是把握住了机会。也许前路太坎坷，北宋已经浪费了这几年时光，但幸好一切还未太晚，还能来得及。

心中不是没有委屈，心中也不是没有遗憾，毕竟在远离京师的这几年，宰相吕夷简的势力越发壮大。而冗员的情形也越发严重。当欧阳修回到京师时，一切已经不似往年那般景色。委屈先放一边，遗憾也只能成为永远的遗憾。一切离开京师之前未竟的梦想，都留待今天来完成吧。不再去想兜兜转转这几年是否不值，也不再去思考自己的委屈如何得到弥补。

此时已是右正言、知制诰的欧阳修，决定用自己的努力来弥补这几年的浪费。人生难得几年好时光，不计较过去，就意味着不再受困于昨日的情绪与纠结。欧阳修做到了，欧阳修也必须做到。因为此时的北宋需要他，而他的知音也需要他。

玉楼春·池塘水绿春微暖

池塘水绿春微暖。记得玉真初见面。从头歌韵响铮鏦，入破舞腰红乱旋。

玉钩帘下香阶畔。醉后不知红日晚。当时共我赏花人，点检如今无一半。

池塘的水已经开始泛绿，春天到了，微微的暖风开始袭来。记得最初见面时，歌声响彻，难以忘怀。跳起入破舞时，一身回旋令人目不暇接。初见时的美好还历历在目，又是一次饮酒畅谈，“玉钩帘下香阶畔”，酒一喝醉，红日何时西垂都不知晓。今天与我一起饮酒的人中，有那日与我一起赏花的人，仔细一点，连一半人都不到。人生太过匆匆，没过几年，已经找不到曾经相伴的人了。

“当时共我赏花人，点检如今无一半”。物是人非之感，令人沉思。这首词从过往切入，回忆着初见时的美好，感慨着今日的欢喜，琴声歌声两相宜的时节里，还记得当时的舞蹈破阵飞旋，如风过隙。再回到今天的场景，一醉方醒，夕阳是何时落下都没有意识到。只是当时与我赏花之人，却再也寻不到踪迹。少掉的那一半人，此时在哪里，此时在看着什么样的风景，也已经不可知。

相逢都是缘分，而分离则是不可预知的命运。谁也不知道，今天陪在身边的人，下一刻是否就会各奔东西。因为命运不可揣测，所以只能在一切都还在身边之时，珍惜当下，记住每一刻的回忆与笑谈，也不枉曾相知一场。

欧阳修历经三年贬谪，终于回到了京师。当理想近在咫尺，看着宋仁宗期待的眼神，他提出的第一个要求，却让宋仁宗措手不及。

今宵谁肯远相随，惟有寂寥孤馆月

世事如棋，几经周转，依然回到了最初的设定。

欧阳修回到了京师之后，对于宋仁宗的心态，他也有了初步的了解。他知道宋仁宗此次召他回来，是为了让他像一把刀一样，插入已经腐败的北宋官场里，保北宋江山社稷稳固。

趁此机会，欧阳修向宋仁宗提出了要求。

他的要求很简单，上书力荐范仲淹、韩琦为执政。

一石激起千层浪。所有人都以为三年的贬谪时光，再加上官场上的历练已经让欧阳修成熟了起来。但这一封上书却让人们再次看到了欧阳修的棱角。不为其他，只为黎民百姓与北宋江山。当然，欧阳修的上书里，不出意外地提到了吕夷简。

在宰相位上，吕夷简已经待了多年。看过的风雨与听过的故事已经足够写几本经史子集，这样一个人物，本身有才华，却因为自身的贪婪与自私，而沦为了权贵势力的代言人，把持朝政，把持言论，把百官约束于自己身边，这才有了三年前贬谪范仲淹与欧阳修的一幕。

欧阳修每次一进朝堂，最不愿看见的就是吕夷简的面孔。因为吕夷简毫不掩饰的蔑视，让欧阳修清楚地明白，在吕夷简心里，他们依然是失败者。即使宋仁宗让他回到了京师，并且给了他更高的官职，他也无法判断，在宋仁宗心里，吕夷简的分量究竟有多重。

政治上的事情历来如此，在当权者眼里，也许没有对错，只有权衡。当吕夷简的存在影响到宋仁宗的帝位时，如何选择已是一目了然。在欧阳修心里，他对吕夷简并没有私仇，只有公愤。身居高位，却败坏官风，能力越大，破坏越大，这样的宰相，只能误国，不能兴国。欧阳修连连上书弹劾吕夷简，认为他是导致朝廷出现诸多冗官庸吏的原因。

如果宰相在其位不谋其事，反而只在意自身得失，不重视挑选精干官员，只择选善于逢迎之辈，那么官员自然越来越平庸，为了讨好上司，更是贪婪。平庸则办事效率低下，办事不公不正；贪婪则利欲熏心，置国法于不顾。如此一来，国力怎能不弱，江山社稷怎能相安？居上位者，如果没有开阔的心胸，那么只能选出一堆能力弱于他的部下。如此这般下去，官吏越来越庸碌，为了讨好上司，大肆搜刮民脂民膏，贪婪与庸碌一结合，国家怎能不衰败？

玉楼春·红绦约束琼肌稳

红绦约束琼肌稳，拍碎香檀催急衮。陇头呜咽水声繁，叶下间关莺语近。

美人才子传芳信，明月清风伤别恨。未知何处有知音，常为此情留此恨。

这首词前面几句都是在写节拍快速，美人如玉。“红绦约束琼肌稳，拍碎香檀催急衮”，美人身穿红色丝绦系着的衣裳，打着急促的节拍。“陇头呜咽水声繁，叶下间关莺语近”，水声与黄莺的叫声越来越近，这几句都是描写着美人的情态、言语。“美人才子传芳信，明月清风伤别恨。未知何处有知音，常为此情留此恨。”美人与才子之间相互唱和，明月与清风也在互相传唱着离愁别恨。不知道何处还有这样的知音，因为知音难寻而心中留有怨念。

“未知何处有知音”，风起的时节里，最期待的就是有一个懂自己的人能陪伴在身边。朝廷四周都是一片昏暗，压力从四面八方而来，此时的欧阳修倍感孤寂。自古以来，“君子之交淡如水，小人之交甘若醴”。当小人们的利益受到威胁时，他们集结起来的战斗力是不能小觑的。利益结成的壁垒是最难突破的，欧阳修此时感到的痛苦与压力十分大。

欧阳修上书宋仁宗，整顿吏治已然是必行之事，此事必然需要雷厉风行之人方能成功。欧阳修力荐范仲淹、韩琦。宋仁宗明白，欧阳修力荐范仲淹与韩琦，其指向已经非常明显，就是要推翻宰相吕夷简。此时的宋仁宗已经没有了当初的犹豫，与宰相吕夷简的相位相比，他更在乎的是北宋的江山是否稳固。

其实，此时的吕夷简如果能痛下决心，从自身做起，整顿吏治，那么宋仁宗还是可以留其相位的。但是从吕夷简那方面来看，范仲淹、欧阳修的行为简直就是大逆不道，触碰了旧贵族的利益。宋仁宗批复了欧阳修的上书，准许范仲淹及韩琦整顿史治。但欧阳修的目的不仅仅在于此。

在连续给宋仁宗的上书中，欧阳修语气严峻、措辞严厉地弹劾吕夷简“罪恶满盈，事迹彰著”。这样严重的指责已经是把宋仁宗一块骂了进去。知人善任才是千古名君。宋仁宗治下，吕夷简担任宰相多年，如此长的时间里，宋仁宗却不知悉其为人，这说明宋仁宗也是一样的庸碌！

此奏折一上交，欧阳修并不忐忑，甚至自觉一吐心中块垒。很快，宋仁宗的批复下来了：罢免吕夷简，任范仲淹为参知政事（副相），韩琦为枢密副使（军队副统帅）。如此一来，在欧阳修的力荐下，实干型官员终于第一次掌握了主动权。

也是在这一年，以范仲淹为首的官员，发起了历史上有名的“庆历新政”。这批以天下为己任的官员推行新政的目的在于治庸治贪。北宋由于几代的和平，士族官僚已经成了社会重要的势力。民间财产多被豪门大族所瓜分。范仲淹等人重点针对这些社会弊病，全力开火，力推新政，遏制豪门大族的势力。

玉楼春·阴阴树色笼晴昼

阴阴树色笼晴昼。清淡园林春过后。杏腮轻粉日催红，池面绿罗风卷皱。

佳人向晚新妆就。圆腻歌喉珠欲溜。当筵莫放酒杯迟，乐事良辰难入手。

园林里，树荫浓密，晴天也凉爽。佳人杏腮轻敷粉，水面上的绿萍被风卷起。临近傍晚时分，佳人新妆歌喉美好。这一首词里，最伤感的就是最后一句。“当筵莫放酒杯迟，乐事良辰难入手”。即使是在喝酒之时，也不能轻易放下酒杯。因为心中有所思，所以即使是佳人如玉，歌喉醉人，一样是难以开心。乐事，愉悦而开心之事。良辰，好的时机。好酒好景却唯独缺少了好的心情。这样的时节里，最难为的便是自己的心绪了。

欧阳修的词以寻常笔调、寻常语气，于不经意间说出了寻常心思。让我们感动的不是大英雄的伟大事迹，而是生活里人人都会体验到的点点滴滴。压力与梦想，执着与向往，这些力量把人裹胁着，威逼着，让人锁起眉头，愁上心头。

当时北宋如此多的官员中，却只有欧阳修、范仲淹等人视拯救天下为己任。即使明知旧贵族势力盘根错节，依然愿意迎难而上，拼上自己的前途来推行新政。此时的欧阳修在宋仁宗支持下，任职“知谏院”。作为朝廷里新政的代表人物，在这个位置上，欧阳修奋笔疾书，为新政在舆论上打开了局面。

文人一支笔，力可抵万钧。

欧阳修此时正是如此。天道自有其轮回与纲常。欧阳修认为，朝廷如若不能以百姓为重，如若任由大贵族势力侵蚀国力，那么江山将不长久。宋仁宗此时的态度已然鲜明，但是作为皇帝，他能做的就是给予欧阳修等人权力与位置，只要欧阳修等人足够抗衡大贵族势力，那么北宋天下安矣。

范仲淹与欧阳修经过这几年的历练，已经把彼此视为最亲切的朋友与知己。此次在欧阳修的力荐下，范仲淹得以回京，与韩琦、富弼等人结成了同盟。一群为了理想而聚在一起的人，谈话之间多是热情澎湃，切磋商议时更是有相见恨晚之感。

渔家傲·二月春耕昌杏密

二月春耕昌杏密。百花次第争先出。惟有海棠梨第一。深浅拂。天生红粉真无匹。

画栋归来巢未失。双双款语怜飞乙。留客醉花迎晓日。金盏溢。却忧风雨飘零疾。

已到了春耕的时节，田野里杏树密集。春风到达之处，百花争先恐后地绽放。如此多的花里，只有海棠梨可称得上是第一。花色浓淡各宜，如春风拂然吹过，天生一段风流红粉，难有其他花可以匹敌。到了词的下半部分，“燕子”两字没有出现，但是“巢”与“双双款语怜飞乙”等语，已经点明了燕子的存在。春风如许，杏林茂密，百花开放，红粉深艳之地，燕子纷飞。在这样的景色里留客人一起喝酒聊天，酒醉人时，花与人都一起迎接着阳光。

明明是这样明媚的春天，但在词人欧阳修眼里，却有着难以言说的担忧。“金盏溢”，春光好，但在这样的时节里却担心着风雨飘摇。在许多人的眼里，词里多的是伤春悲秋。实际上，这样的词需要结合词人当时的情绪、背景来看。中国的古诗词讲究含而不露，哀而不伤。即使有再大的苦闷，也只是在词里隐约点出。这一首词里，“却忧风雨飘零疾”是欧阳修难以言表的痛心。

当所有的人都在享受着太平盛世时，独立而清醒的思考者们已经看到了北宋王朝的千疮百孔，因为醒得比别的人早，哪怕是大声疾呼，响应者也是寥寥。这便是思想先时代一步的悲哀，要想让所有的人领会过来，先行者要付出更多的血泪与担忧。即使吕夷简已经下台，但是千万个吕夷简待在暗处蠢蠢欲动。欧阳修等人前路坎坷，“却忧风雨飘零疾”。

梦又不成灯又烬

因为选择了理想，所以一切都成了甘愿。

人活一世，草木一秋，总有人愿意为了自己理想中的生活而付出代价。对于平凡人来说，理想就是用自己的努力过上自己想要的生活，但是对于某些才学过人的人来说，因为上天给予的天赋更多，所以他们要担起的责任便更多。

在北宋，像欧阳修这样的读书人是非常少见的。因为经济发展水平有限，大部分民众都是文盲，对于朝廷有着天生的敬畏和服从。纯朴不代表不思进取，每个人都有希望过上好生活的理想，如果朝廷官吏公正而精干，那么治下的人民自然能过上自己想要的生活。可惜，很多时候，官吏的存在没能起到教化民众的作用，反而是鱼肉百姓。

这样的例子太多太多，欧阳修幼时体验过何为生活，母亲的付出与周边乡民的支持是他童年生活里珍贵的回忆。勤劳而真诚的人们给予了他最朴素的早年生活感受。一个人是否能理解生活，是否能与人为善，这与其所生长的环境息息相关。

欧阳修自小受儒家教育思想熏陶，认定了读书识字是为了遵循天理伦常。每个人的能力有大小，各司其职，各行其是，才有这如画般的江山。为何他如此憎恶吕夷简？因为吕夷简所保护的大贵族势力，已经成为了当时北宋社会的一大隐患。百姓弱小，与豪门贵族相争，只有败，没有胜。一切的资源与优势全部向贵族靠拢，如此一来，天下已属于贵族势力。

范仲淹每每与欧阳修谈论时事，痛心疾首时刻居多。被宋仁宗召回后，欧阳修的官职在明面上已经大过了范仲淹，但范仲淹丝毫不以为意，他更在意的是如何在其位、谋其政。更何况，此时谁的语气更坚决，谁的官位更大，那么他受到的压力也就越大。相比于朝廷大部分官员来说，范仲淹与欧阳修性情相投，韩琦个性直接，忠肝义胆，而富弼则是善于观事，处世老成。

这四人在宋仁宗的支持下，在朝野内外共同推行“庆历新政”。在庆历年间，当时的朝野把欧阳修等人称为新政派。从历史角度来说，没有一种新政是可以安然得到推行的。越是革命性强的事物，越容易受到打击与挫折。欧阳修等新政派官员相比于其他守旧派官员来说，根基松散，但气势逼人。

渔家傲·四月园林春去后

四月园林春去后。深深密幄阴初茂。折得花枝犹在手。香满袖。叶间梅子青如豆。

风雨时时添气候。成行新笋霜筠厚。题就送春诗几首。聊对酒。樱桃色照银盘溜。

今天的我们，读着欧阳修的诗词，感受的多是欧阳修的乐天与达观。而实际上，不同文体的性质不同，表达方式也不同。在庆历新政的斗争里，没有人知道一切会如何发展。更多的人是作壁上观。因为很多时候，说多错多，不说不错。自古明哲保身的人已经太多太多。

“四月园林春去后。深深密幄阴初茂。折得花枝犹在手。香满袖。叶间梅子青如豆”。四月的园林春已经走远，树荫浓重，密密的树林如帷幄一般。采下的花枝还拿在手里，香气满袖，仔细看去，叶间已经有了一小颗一小颗的青梅，如豆般大小。原来词人所看的正是一棵梅树，小巧可爱的青梅如豆般点缀在叶子中间。

词的下半部分，开头一句点明了气候。“风雨时时添气候”，经常刮风下雨的天气里，一层雨水一层凉，新生的笋已经钻出了地面，一行一行排列着。而温度不稳定的季节里霜也开始出现，天气渐凉，晨起黄昏已经是霜迹斑驳。送春的诗已经作出了几首。“聊对酒”，两人对酒畅聊，“樱桃色照银盘溜”。

不说一切是什么时候发生，只说一切是何时结束。欧阳修的词里，春来可感叹，春去可悲歌。万事万物，都有自己的情感。作为新政派的重要人物，欧阳修感受到的压力难以言表。但他的才学与修养，却让他能在面对这样的境况时，依然保持着平和的心境。对他来说，上书力荐，连续弹劾，还有诗词里的逶迤风景，都是他人生的组成部分。

很多时候，如果没有这样的达观与开阔，欧阳修也成为不了欧阳修。正如后世对于欧阳修的评价：“三代而降，薄乎秦、汉，文章虽与时盛衰，而蔼如其言，晔如其光，皦如其音，盖均有先王之遗烈。涉晋、魏而弊，至唐韩愈氏振起之。唐之文，涉五季而弊，至宋欧阳修又振起之。挽百川之颓波，息千古之邪说，使斯文之正气，可以羽翼大道，扶持人心，此两人之力也。愈不获用，修用矣，亦弗克究其所为，可为世道惜也哉！”

“文章千古事，得失寸心知。”欧阳修其人其文，相得益彰。更为可贵的是，欧阳修的词文与其人生际遇息息相关。得意时，他的文章有浩然之风；失落时，词自有一股沉积之气。庆历新政一年间，欧阳修与范仲淹连提新政，直指当时北宋吏治、军事、贡举等方面的吏治问题。要知道，吏治改革关乎北宋各大家族的兴衰，而此时北宋官场各官员间已经成根系，各有盘结，自然不需要费心于公事，只需要按各自利益行事。

而军事，是国家的命脉，也是此次宋仁宗下定决心罢免宰相吕夷简的原因。因为与西夏的交战落败，让宋仁宗清醒地看到了北宋的国力已然空虚。几代人的平安喜乐已然滋生惰性与腐败，不为苍生为自己。平庸的吏治、全民追逐的华丽文风、享乐文化，这些都让北宋的军事实力越发软弱，怎能敌西夏虎狼之军？

贡举，这是北宋选拔官员、也是社会阶层人才流动的重要通道。通过贡举，贫苦学子可以一日登上天子堂，从此指点江山。没有贡举，下层学子何以凝聚力量刻苦读书？而贡举也是最为公平的选拔。不论出身如何，无论家庭背景如何，没有真才实学，都不可能为官为吏。

由此可知，庆历新政的先锋们，点出的都是当时北宋江山的痛点。

越是痛，反抗也越是激烈。

北宋官场上的所有官吏此时个个自危，并不是人人都有欧阳修、范仲淹等人的大气魄来引领时代。朝廷上多的是明哲保身的人，多的是愿意保持原状的人。守旧派的人数越来越多，而欧阳修、范仲淹不是圣人，不可能一切行为举止都无可指摘。如果是围攻，那么人数多者自然胜出。

在这一场战役里，看得越透的人，伤得越深。庆历新政推行一年间，阻力越来越大，哪怕是宋仁宗亲示支持，也无法真正把新政不打折扣地推行下去。越少有人走的路，荆棘越多。而立之年的欧阳修，再一次品尝到了人世艰辛。

人世里，并不是站在道德的高点、理论的高点就能取得胜利。不能小看的，除了惯性，还有人心。人人都是既得利益者的朝堂，振臂一呼，应者寥寥。越来越多的阻碍，越来越多的挑衅，越来越多的阳奉阴违，这些都让新政的推行步履维艰。天下之大，站在新政舆论顶峰的欧阳修却感觉寒冷刺骨。

渔家傲·律应黄钟寒气苦

律应黄钟寒气苦。冰生玉水云如絮。千里乡关空倚慕。无尺素，双鱼不食南鸿渡。

把酒遣愁愁已去。风摧酒力愁还聚。却忆兽炉追旧处。头懒举，炉灰剔尽痕无数。

“律应黄钟寒气苦。冰生玉水云如絮。”词里这几个字一出，一股寒气扑面而来。冰生玉水，字字彻骨。压力越大时，越是思念家乡，家乡代表着自己最初的坚持与温暖。人总是这样，在家乡时，想要离开家乡看更远的地方。而真到了远离的那一天，却开始思念家乡的一草一木，思念曾经唾手可得的一切。欧阳修的思念，在于心里那个回不去的情结，作为理想主义者，越深的觉悟代表着越深的痛苦。

欧阳修并不是为了自己而推行庆历新政，他的一言一行都是为了天下苍生。可惜，压力如寒冰，让人清醒又让人无力抗拒。“无尺素，双鱼不食南鸿渡。把酒遣愁愁已去。”愁真的去了吗？未必。只是因为看透了结局，所以只能接受现实。“风摧酒力愁还聚”，酒力一散，清醒的意识一回到自己的脑海中，愁绪依然在，一切都改变不了，结局依然是注定的。“却忆兽炉追旧处。头懒举，炉灰剔尽痕无数。”看着兽炉里飘出的香烟。懒得举头，一遍一遍地剔着炉灰，痕迹无数，情绪无数。懒得举的，还有情绪，更多的是倦怠。欧阳修自小在儒家环境中成长，此次庆历新政里，欧阳修连连弹劾了十几位官员。措辞尖锐，直指利害，新政派与反新政派在朝堂里上演了一场恶斗。

最终，新政派落败。

第六章

穷则独善，不改本色只听人心

思往事，惜流芳

落败的只是新政，不是人生。

即使是在明知没有希望的时刻，欧阳修也没有停止过呼吁。欧阳修的《文忠集》里，字里行间全是耿耿赤子之心。不惧权势，只求新政施行。没有人知道的角落里，新政的倡导者们都期待过新宰相的支持。

自吕夷简被罢免之后，宋仁宗任命晏殊为新任宰相。晏殊一上任，曾经给过欧阳修非常大的希望。对才学过人、讲求实事的新政派而言，晏殊给他们的感觉更为亲近。但是一切的理所当然，在政治的角度下都变成了另一番模样。

晏殊上任之时，正是新政派与反新政派斗争最为激烈之时。深谙政治智慧的晏殊，只在意两方的力量对比，当局势未明朗之时，晏殊完全不表态。但是反新政派的官僚们，就像是上蹿下跳的小丑，一力维护的就是自己的利益与特权。小人结成的联盟，反应迅速，势力庞大。

北宋各位王公贵戚都牵扯进了这一场看不见硝烟的战争。疯狂进攻的小人集团，给欧阳修等新政推行者莫大的压力，而宰相晏殊的明哲保身，让新政的推行更是难以为继。此时，即使是仁宗也体验到了什么叫作压力。当一切都顶不住时，一年的新政落败。

之后，范仲淹、韩琦等连遭贬谪。欧阳修痛心疾首，范仲淹、韩琦、富弼等，再一次被贬到远离京师的偏远地区。每一次的送别对于欧阳修来说，都像是一场凌迟。

桃源忆故人·梅梢弄粉香犹嫩

梅梢弄粉香犹嫩，欲寄江南春信。别后寸肠萦损，说与伊争稳。
小炉独守寒灰烬，忍泪低头画尽。眉上万重新恨，竟日无人问。

“桃源忆故人”，世外桃源是否真的存在，故人能否再次聚会，一切都未可知。“梅梢弄粉香犹嫩，欲寄江南春信。”思念太过深重，梅花还在开着的时节，已经想要寄信询问江南天气如何。距离太远，所以在冬天就开始寄信，才能收到春天的信息。自从分别之后，词人肝肠寸断，难以安宁。守着小炉子，一个人看着灰烬，眼里的泪将要落下来，低着头画也画不完的愁绪。眉头上深锁着万重新恨，却无一人相问关怀。

最寂寞的时刻，在于思念人，想着范仲淹等人曾经与自己一起鼓劲、一起奋斗，一起为了同样的抱负和理想而前进，如今自己却被独自留下来，思念之苦与无人关怀的冷寂变得更重。欧阳修此时的心情，就像眉上聚拢的万重新恨，悄然而至，挥之不散，再多的愁绪，也无人问津。这样的孤寂与落寞，非知音者不可知，读之令人动容垂泪。

自新政官员连连被贬之后，欧阳修接连上书为其辩解，因言获罪，再次被人抓住把柄，贬为滁州太守。滁州即今天的安徽滁州。如果没有欧阳修，滁州永远只是一个偏远的小地方。但有了欧阳修，滁州从此有了自己的文化书写者。无法分辨的是，不知是欧阳修成全了滁州，还是滁州成全了欧阳修。

唯一能知道的是，没有欧阳修的滁州一定会湮没于历史的洪流里，无一丝声息。

在滁州，欧阳修写下了名垂千古的《醉翁亭记》。

“环滁皆山也。”开篇五个字，描画了一个山岭环围的滁州。“有亭翼然临于泉上，醉翁亭也。”自这句话开始，“醉”字成为了欧阳修的名片。自古以来，李白通过酒造就了无数千古名篇，不论世事如何，一醉解千愁。而此时，太守欧阳修为自己起了一个名号：醉翁。

醉者，迷蒙而不清醒，酣然而醺醺然者也。“醉翁之意不在酒，在乎山水之间也。山水之乐，得之心而寓之酒也。”没用太多的言语去描述，也不需要太多的解释与旁白。欧阳修把自己醉情于山水的意境描述了出来。不因酒而醉，只是借酒而享受山水之美。山水之乐，非有大智慧者不可得也。

“宴酣之乐，非丝非竹，射者中，弈者胜，觥筹交错，起坐而喧哗者，众宾欢也。苍颜白发，颓然乎其间者，太守醉也。”众人享受着山水清新景色带来的感受，丝竹轻奏，游戏里笑语喧哗。众人皆欢喜，而其中只有醉翁欧阳修太守一人，颓然而坐其中，醺醺然已经入睡，醉态如许。

“然而禽鸟知山林之乐，而不知人之乐；人知从太守游而乐，不知太守之乐其乐也。醉能同其乐，醒能述以文者，太守也。太守谓谁？庐陵欧阳修也。”山间禽鸟，在人们散去之后，才真正开始享受这山林之乐。所以，禽鸟知道山林之乐，却不了解人的乐趣所在。而人了解太守每次游览山林必然快乐，却不知道为何太守游览时会快乐。喝醉酒之时，与人们一起快乐，醒来后可以写出文章，记下游览。这个人就是太守——庐陵欧阳修。

欧阳修被贬滁州之时，已经 38 岁。成熟的年纪里，看待事物的眼光完全不同。而在被贬之前，他已经得到了宋仁宗的信任，事事倚仗于他。可以说，如果欧阳修未帮范仲淹等人分辩，那么当时已经佩戴了御赐鱼袋的他，即使推行新政失败，前程也是一片光明。来到了滁州这座偏远的小山城之时，欧阳修下车一了解情况之后，乐了。

再多的难过，再多的知己分别，再多的失败与挫折，一看到滁州如此美的山水风景，一切都有了快乐起来的理由。滁州人口不过十万，且距扬州、江宁不远。天高皇帝远，风吹青草绿。这里的一切都让欧阳修暂别了京师里压抑的气氛，开始享受这自然丰厚的赐予。

如果换作是其他人，失败感已然会将其折磨崩溃。但是欧阳修人到中年，外加天生的乐观，即使往事再多，他也会选择活在当下。因为一切都已经成为定局，再多的不甘心，也是徒然。不如享受现有的生命时光，让人生开阔起来。

定风波·把酒花前欲问伊

把酒花前欲问伊。忍嫌金盏负春时。红艳不能旬日看。宜算。须知开谢只相随。

蝶去蝶来犹解恋。难见。回头还是度年期。莫候饮阑花已尽。方信。无人堪与补残枝。

“把酒花前欲问伊”，看见了你，于是拿着酒杯来询问于你。一日复一日饮酒，好似耽误了春天的时光。越美丽的花儿，越不能怠慢了观赏。要细细算着观赏的时间。要知道花开花谢是很快的，没有把握好时光，错过花开，也会错过花谢。飞舞的彩蝶一来一去。相见依然很难，回头再看，还有漫长的等待。哪怕是再长久的等待，也要及时把酒饮完。不要等到花都开完了，再来感慨。要知道，人世间，花一旦谢了，再也无人来为你补上花朵。

错过了，便是一生。

所以在拥有的时候，多去观赏，多加感受。这便是人生最负责任的态度。

不仅仅是在诗词和生活态度上，欧阳修在处理政事之时，也一样有这样的原则。爱民如子的他，深知治大国如烹小鲜，于是醉翁如他，对于民生之事不加干涉。宽简之道，贯穿了他的一生。他认为，百姓自会找到最佳的解决方式，越复杂的治理，越繁复的律例，越会扰乱百姓的生活，让百姓难以安生。

如此轻松而简单的管理，解放了自己，也解放了百姓。充分的信任，及时的点拨，认真的梳理，在宽简的原则之下，滁州百姓安居乐业，一派祥和。而他爱喝酒，会喝酒，诗词出众的名声也越传越广。这样一位有血有肉、与旧贵族势力斗争失败后遭到贬谪的伟大词人，得到了滁州人民广泛的喜爱与尊敬。

欧阳修的古文造诣已经很有名，而其在《醉翁亭记》里的文字功力更是让人刮目相看。一个人经历多少的世事变迁，才能明白，天地之间不变的唯有这山水景色。一切挣扎的，享受的都会在时光的淘洗下变成本真的颜色。欧阳修在遭贬谪之前，被大量的守旧派官员诋毁和恶意中伤。即使宋仁宗信任他，也不得不把他贬到这小小的滁州山城。

但是在这山城里，欧阳修没有像其他官员一样，颓废甚至自我放弃。欧阳修反而在山水之间找到了自己的“吾心安处”。自古至今，我们看过太多的人在位时精神抖擞，下台后却病恹恹。这是因为，拥有权力与失去权力的过程里，太多的人按捺不住自己抱怨而不甘的心。

因为失衡，所以纠结，难以放下；因为不甘，所以气恼在心，难以释怀。这些情绪，欧阳修都没有。离开争斗的官场，欧阳修看见了滁州的山水，如久念不至的心中桃花源悄然出现在自己眼前。滁州的一草一木，如释迦牟尼座下的甘露，点透了欧阳修的迷雾，也还给了欧阳修一个开朗而自在的天空。

一念天堂，一念地狱。清净自然心，得一生达观意。

行云却在行舟下

心中如果是天堂，那么哪里都是天堂。心中如果全是地狱，那么一切都是地狱。

欧阳修的修养与才学把他从严酷的现实里拯救了出来。滁州的山水打开了他的心胸，也让他感受到了“此中有真意”的自然妥帖。在诗词生涯中，欧阳修的个人修养步步提升。这种修养，并不意味着能帮自己走多少人生捷径，而是不论遇到怎样的人生路，都能静下心来，享受自己的美好人生。

从某个角度来说，欧阳修的学识与修养意味着一种美感。这是一种对于天然景色的感受力，更是对于人生百态的接纳心胸。在官场摸爬滚打了多年，升也升过，贬也贬过，一路而来的风景更是难与人说。山水此时像一扇打开舒适的大门，让欧阳修享受着难得的自在与清静。

人不知醉翁其乐也，而醉翁自得其乐也。山水敞开了怀抱，自然界每一种生灵都打动着欧阳修的心。天地如此广阔，哪管那虚名与胜负之分？自儒家产生以来，仁者乐山、智者乐水是最常说的经典。山水之乐，不在于看过多少风景，走过多少名山大川，而在于用审美的心情去体味山水的存在。

自盘古开天辟地以来，世间的山水便逐渐成为了人们生活的背景板。每日接近山水的人，清晨与黄昏都能享受到山间清气与林中的美景。而久居官位的人，却很少能真心为了山水而喜悦。从官场上退下来之后，能再次感受到山水之美的，古往今来，欧阳修算是为数不多的人之一。

如果说每个人的人生都像一首曲子，有升有降，有起有伏，有欢喜有呜咽。那么山水的陪伴就像是为有慧根之人打开的天堂之门。如果此人心中自有一番天地，那么即使是官场失败，他一样能在山水之中找到慰藉，找到存在的意义。但如果此人心中一点慧根也无，那么即使让他居住在人迹罕至的地方，他一样会止不住自己的思绪，止不住自己的盘算。

对于第二种人，再多的山水也是徒然。而欧阳修是第一种人。

欧阳修来到了滁州，除了料理公事之外，便是寄情于山水。他在城西丰山上修建了一个丰乐亭（《丰乐亭记》出自于此）。即使远居于京师之外，与他相交的朋友却一个也不少。修建完丰乐亭后，他写信给至交梅尧臣，说着建这个亭子的事。“旧有佳木一二十株，乃天生一好景也。”如此悠然自得的心情，丰乐亭中闲踏落花，如此的心态，可知醉翁已经逐渐不以物喜、不以己悲了。

实际上，实干而逐渐老成的欧阳修在滁州时，兴建水利，减免赋税，查贪官，查税收，每一件事都让滁州人民感激。及至后来，欧阳修爱去的丰乐亭、醉翁亭，都成了民众争相观赏的地方。甚至有许多人为一睹欧阳修醉翁之意而行走数十里，静候他的出现。欧阳修在任期间，滁州的排水系统建成了，行走处百姓欢欣喜悦。

“愈久愈乐，不独为学之外，有山水琴酒之适而已。”这是欧阳修写给友人的话语。在滁州，欧阳修待了二年。从最初的郁郁寡欢，到后来的呼朋引伴，醉翁陶然，欧阳修自然得到了非常多的赞叹与热爱。正如张芸叟所言：“欧阳永叔如春服乍成，酾酒初熟，登山临水，竟日忘归。”

欧阳修在小小的山城滁州待了二年。公事，山水，还有《新五代史》都在欧阳修的一支羊毫里。失败的从来只是那场改革，人生还有更远更长的路要走。只要问心无愧，一切都不是枉费！

后来欧阳修被派到扬州、颍州（今安徽阜阳）。在扬州之时，欧阳修任太守。每到夏天，他都会呼朋引伴来到平山堂。他从小小的山村小城，被调到了更大的城市扬州。欧阳修自知责任重大。当时的他，不仅是领京官衔，同时还总揽了扬州的军政大权。

整整半年时间里，欧阳修把所有的精力都放在了整顿吏治上面。为了把这个繁华扬州管理好，欧阳修除了统管军政大权之外，还要与各路官员联络商议，了解实情。不但如此，白日忙于政务的他，每到夜晚，还要分精力来忙自己的史书编写。夜深人静之时，正是欧阳修奋笔疾书之时。自古勤能补拙，何况欧阳修天资过人，才学出众。欧阳修把吏治整顿忙出了头绪后，终于有了时间来赏玩山水。一个人的精力是有限的，上天给每个人的时间也都是相同的。欧阳修即使在遭贬谪之时，也一样坚守本心，用自己的努力，把扬州这块繁华烟花地，治理得井井有条。

采桑子·清明上巳西湖好

清明上巳西湖好，满目繁华。争道谁家。绿柳朱轮走钿车。

游人日暮相将去，醒醉喧哗。路转堤斜。直到城头总是花。

清明时节西湖风景如此美好，满目繁华。那是谁家？“绿柳朱轮走钿车。”游人众多，行到夕阳西下之时相约要归去。醒时也觉喧哗热闹，醉时更觉人声喧闹。路转堤斜之时，一路繁花，走到城头依然是景致如画。

这样一首词，生动地勾勒了西湖景观，如画般繁华，如花般灿烂。

这时的欧阳修把精力集中到了建设平山堂上。他亲自研墨铺纸，亲自设计画稿，每日监督指挥。平山堂，位于扬州市西北蜀岗之上。欧阳修当初选择这个地方，就是因为此处古木森森，而且蜀岗下风景如画，映照着沃野千里。

欧阳修不仅是一位才华出众的诗词大家，更是一位史学家、生活家。他建立的平山堂正如宋人叶梦得所说：“欧阳文忠公在扬州作平山堂，壮丽为淮南第一。”古代有才学之人，不仅在文学、史学、美学上有所建树，在建筑上也有所造诣。欧阳修便是如此，他所建的平山堂，不论是在建筑风格上，还是在选材上都带着浓厚的美学观点。也正是因为如此，欧阳修利用官银修建的平山堂，成为了扬州人又一个可夸耀的山水标记。

欧阳修在小山城滁州所修建的丰乐亭，让滁州人从此多了一个好去处，甚至成为了游览滁州不得不去的景点，由此可知丰乐亭多受民众喜爱。而其在扬州所修建的平山堂，已经成为了扬州人的骄傲。欧阳修在此处会友作诗，这里成为了天下文人向往之处。而欧阳修当年在平山堂亲手种下的一棵柳树，也被人称为“欧公柳”。

如果说一个人的官职大小决定了多少人认识他，那么他在任上所做的事，决定了多少人记得他。而欧阳修不论是在滁州任上，还是在扬州任上，都尽心竭力，宽简为官。有一次蜀岗大风，把欧公柳吹歪了，人们自发地扶正，再培土。由此可知，欧阳修在人们心中的地位非常高。欧阳修善游玩，也善吟诗作对。但他为人为官的品德，却让人深以为恋。

采桑子·平生为爱西湖好

平生为爱西湖好，来拥朱轮。富贵浮云。俯仰流年二十春。

归来恰似辽东鹤，城郭人民。触目皆新。谁识当年旧主人。

平生最爱西湖之事，所以专程坐着车来赏西湖。富贵如流云，俯仰之间，二十年匆匆而过。再归来时，已似辽东鹤。归来看到的城郭与人民，处处都是新意。此时此地，谁还记得曾经的故人？时光匆忙而逝，转眼二十年过去，一切都变了，再没有什么东西能像时光般无情。只能说，一切都在变化，而唯一不变的就是变化。记忆里的曾经，成为独自一人时的回忆。

这样的欧阳修感知着时光逝去的过往，体会着人生倏忽之间白头的意味。朝夕之间，日月偷换。扬州太守欧阳修，并没有仅仅停留在痛惜时光流逝的心情之中。每年夏天，这位醉翁都会邀来大批朋友，来到平山堂赏花玩乐。在平山堂里，他让人专门采来荷花，大盆大盆地养在堂中，让歌伎取来荷花传递。每个人拿到荷花时，都要在荷花上摘掉一片花瓣。当最后一片花瓣被摘取时，手拿荷花的人自当饮酒一杯。

雅而忘俗，言笑晏晏，宾客尽欢。在平山堂文人留下的诗词歌赋无数，无数文人墨客争相来此。平山堂之聚，已经成为北宋文化的一个标记。人人以到达平山堂为耀，而欧阳修醉翁之名也广为传诵。欧阳修爱饮酒，却有张弛。家中藏书多，每日忙完公事，他以琴养性，以棋修身，以酒醉人，自乐而众乐，人生当如此。

有了美好而自足的不以权势利益为中心的生活，当地人对欧阳修由衷地感激。欧阳修治理之下的扬州，吏治清明，且文化日盛。扬州成为北宋不可不提的一处文化圣地，欧阳修功不可没。也可以说，有了欧阳修的扬州，如在山水之间锦上添花，平山堂的存在，也让扬州自此有了文化古城的底气。而这一切，都来自于这个醺醺然的醉翁欧阳修。

醉翁非醉，而是为这山水，为这天地自然，为这如斯岁月而醉。欧阳修步入不惑之年后，其文学造诣越发深厚。在散文方面，其创作的游记等各有所长。而他在考取进士之前，在骈赋上下了大功夫，因此他的辞赋与四六骈文也深有意味。他所创作的《秋声赋》是对前代的骈赋的创新与完善。《秋声赋》摆脱了原有的排偶、限韵等约束，自在挥洒，用单笔散体成赋。这一创新，成为了文赋的发源。

欧阳修的才华并不仅在于此，他的文字深受普通大众喜爱。而他创作的文赋，不仅保留了原有的排比特色，同时还有着骈词俪句互为问答的特点。行文处潇洒自在，活泼而律动。其抒情议事更为贴切，让人见之难忘，思之再三。作为一位优秀且才华出众的文学家，欧阳修开创了文赋这一文体形式。不仅如此，他对于四六骈文的完善也十分成功。当时的北宋在四六骈文上，都是以唐人旧制为依据。

最初钱惟演所支持的西昆词人，都是以唐代以来李商隐等人的“三十六体”作为行文标准。但文化是有其发展规律的，越到北宋后期，其语言风格越趋简易，抒情议事越为切直。最初，欧阳修也是以严格的四六体来撰写公牍文书。后来他参考了古文中散体单行的笔法，在行文中不刻意求对偶与工整，而是以情作文。相比于日趋僵硬的骈文，欧阳修改善后的骈四俪六文体更有活力。欧阳修的文章，一气呵成，简洁流畅之余，韵味深远，以其《上随州钱相公启》《蔡州乞致仕第二表》来说，都是难得的佳作。

当然，相比于其他的诗词大家来说，欧阳修自身的性格与其为政为官的历练也让其文章内涵更为深远。文风晓畅，简洁轻快，读之精当而不失重点。在北宋时，这样的文风深受社会文人的喜爱，这也是欧阳修推进北宋文化发展的重要体现。一个人的境遇，决定了一个人的高度，而一个人的思想高度，则决定了文风。豁达而开阔的心胸，能在山水天地间自由呼吸。不拘泥于古板的眼光与看法，他活出了千古诗词大家的气度。可以说，不论是何种境况，欧阳修的才华与诗词都熠熠发光，引人入胜。正如丰乐亭与平山堂，一个处于山城之内，一个位于大市之郊，因为欧阳修，两者的魅力未减，文章千秋，斯人独立！

落叶西园风袅袅

享受着生活给予的每一份喜乐与哀愁，才能感受到人生不同的风景体验。

欧阳修爱好饮酒作诗，文章诗词传诵千里。其治下的扬州城，风物咸宜，繁华如斯。而欧阳修俨然成为扬州城的灵魂。壮丽的平山堂，虽是使用官银建成，却成为扬州人最爱去的地方。当地人扶老携幼，观看着各地文化大家留下的墨宝。

性格豁达，带给他人的感受自是开怀。欧阳修性善，幽默而可爱。那时很多扬州人专门跑到平山堂来欣赏醉翁的醉态，欧阳修不以为意，反而乐不可支。无数文人墨客都以到平山堂游览为荣，欧阳修亲眼看着平山堂拔地而起，又一次一次地带着文人墨客来踏青游览。

在他的治下，扬州城始终一任风吹浪荡，如一湾温馨而怡然的港湾，呵护着千秋文人的命脉，也养出了扬州城自在恬然的气质。一个人的影响力，在于其家，则可以视其亲人、家人之心情；为官则只需看其治下的民众生活。恬然而安适的欧阳修，实行精干而宽简的治理方法，让扬州城风物宜人，繁花似锦。

也不是没有遗憾，京师的新政运动依然难以忘怀。但是人生的很多时刻，并不是想到就能做到，也不是全力以赴就能有结果。不如把握当下，乐享当下，在自己能力范围之内，圈出这如许江山，赋予治下民众一个晴朗的心情和明媚的人生。

采桑子·十年一别流光速

十年一别流光速，白首相逢。莫话衰翁。但斗尊前语笑同。

劝君满酌君须醉，尽日从容。画鹢牵风。即去朝天沃舜聪。

时光催人老，弹指一挥间，十年倏忽而逝。欧阳修感慨着几贬几升之后，人生已然渐渐平稳。这种平稳并不是指仕途上的平稳和轻松，而是指心灵中的安适与随缘。越是颠簸，越是难以平复。谁不愿壮志实现，谁不愿以手写我心，一语自天然？但生活总归是一个不语不言的老师，生活教会人的，除了奋斗，还有适应。

欧阳修看见了自己的人生，“慨当以慷”时，有；黯然无语时，有。当生活抛出任何境况之时，他都给出了最本能的反馈：年少时的锐利，力争时的魄力，还有志同道合时虽“千万人吾往矣”的大无畏。白首相逢之时，每一缕白发里，藏着怎样的人生故事？“莫话衰翁”，别提我这个衰老的老头了。“但斗尊前语笑同”，至少端起酒杯之时，依然亲密，笑语如昨。

时光流转里，最难过的便是物是人非。但现在十年时光已过，白首再相逢。这样的时光里，不需再谈其他，不需再讲以后，留恋现在，享受当下，让欢笑与相聚成为人生的底色。如此，方不负这白头衰翁！“劝君满酌君须醉”，欧阳修在大部分词里，都劝人醉，劝人行乐。只有真正知悉醉翁之意的人才明白，他的醉是对山水情怀的了悟，是对生活的全面和解。

人生行至此，无法回头。每相聚一次，便是幸事一桩。这样的日子里，喝酒要醉方不负这相会！投入地去享受每一刻，才能尽日从容。每天的生活里，能放下心中块垒，尽享这好山好水，也不失为一种福乐。

人生最难受，莫过于对眼前的山水不知珍惜，心中满塞着情绪的垃圾。

而醉翁欧阳修却跳出了这种窠臼，他在官时言政，治下的民众个个对其称颂。在文时言意，观事切直而文风和畅，让无数学子追随钦佩。热爱史学，研究花草人生，每日最乐事，便是自在过活，直抒胸臆。“画鹢牵风。即去朝天沃舜聪。”如风般畅快的日子里，放飞的风筝似乎可以飞到天上面见仙人。如此心胸与气度，才有了醉翁的畅意人生。

对于生活，似李白那般，才是画中仙、诗中灵；似杜甫般苦痛，自然是民生维艰，字句沉重；而唯有欧阳修，上也上得，下也下得。居于京师时，他投笔如刀，痛斥官员腐败、官官相护的现象；居于贬谪之地时，依然能做好本分之事，受人敬重。也许一切的选择只在于本心，如若是真心感受这美好生活，那么再大的打击与挫败也磨损不了一颗睿智而自强的心。

即使是在风吹叶落、秋风如熏的季节里，人生飘零如寄，几十年兜兜转转却终落于江南好景，也是幸运，也有遗憾。

减字木兰花·伤怀离抱

伤怀离抱。天若有情天亦老。此意如何。细似轻丝渺似波。

扁舟岸侧。枫叶荻花秋索索。细想前欢。须著人间比梦间。

“伤怀离抱”，生别死离最是伤感。“天若有情天亦老”，如果天有情感、知人生，那么见了如此多的分分合合，也一样会衰老吧？最是无情最为坚硬，但伤别离之时，谁人又能真正不在意？这情意似如何？就似微小的细线般缥缈，又如波光难捉摸更难忽视。这时的人生里，见是难，不见更是难。只有伤感却是挥之不去。

“扁舟岸侧。枫叶荻花秋索索。”这样的时节里，秋意深浓，欧阳修是否想起了自己的童年？求学之时，用荻秆识字认字。母亲的关怀与童年纯粹的时光里，深藏着欧阳修最甜蜜的回忆。“细想前欢，须著人间比梦间。”仔细想想从前的欢愉时光，美好似梦境。回忆里总是最美的风景。欧阳修也不例外，人生不可能一马平川，更不可能只有欢愉而没有苦痛。

尽兴时欢愉，落寞时享受清寂，这样的人生，才是真实而充满故事的。把人生故事作为诗词文章的养分，欧阳修写字练笔更增力量。饮酒游山之余，欧阳修结交了大把好友，带着吏民出山游玩，于山中野餐，风物景观，尽在眼前。此时的京师，依然是守旧派居要位。自欧阳修被贬之后，守旧派欢呼雀跃，大肆瓜分着新政失败后的江山硕果，一个个居高位，尸位素餐般过着奢侈的生活。

眼睛所见，皆为心声。欧阳修不是看不见，更不是假装看不见。但处于这种时刻，他能做的太少太少。进则思天下，退则思修身，如此一来，方能获得真正属于自己的人生。人生走到后面，越是精简越是隽永。就像欧阳修曾经写过的《醉翁亭记》，他用大量的笔墨来描写滁州山水，最后简练成一句“环滁皆山也”。这样的成长，不仅意味着精神上的富足，更有着对人生的通达。

渔家傲·九日欢游何处好

九日欢游何处好。黄花万蕊雕阑绕。通体清香无俗调。天气好。烟滋露结功多少。

日脚清寒高下照。宝钉密缀圆斜小。落叶西园风袅袅。催秋老。丛边莫厌金尊倒。

内心有风景的人，到哪里都能遇见如画美景。“九日欢游何处好”，去哪里游览最适宜，“黄花万蕊雕阑绕”。登高时，正是金秋时节。“黄花万蕊”，可见菊花盛开之繁多。“通体清香无俗调”。一身清香而没有俗情俗语。这便是菊花给人的清雅感觉，出尘而脱俗。“天气好。烟滋露结功多少。”这样好的天气里，晨烟暮鼓中，露水凝霜之时，又为这美好的景象添了太多的雅趣。

“日脚清寒高下照。”不说秋日渐凉，只说日头脚下逐渐清寒，高下相照之时，可见秋高气爽，碧空万里。“宝钉密缀圆斜小。落叶西园风袅袅。”西面的园子里，落叶如金，风吹过来轻盈多姿，淡然而安适的感觉里，秋日风景如斯，内心安然有如此季的菊花盛放。

“催秋老。丛边莫厌金尊倒。”秋季给人的感觉总是安适之间带些伤感气氛，花开的时节里，也别厌倦如此年华，这也是一日好时光。失落而不失气节，淡然而不颓唐，这样的欧阳修，在诗书中，建树颇多。而他在扬州一年的时光里，却留下了让扬州人传唱千年的逸事雅趣。

文化的力量远比政治来得长久，扬州人爱这位醉翁，喜欢这位在扬州建立了平山堂的欧公。甚至在欧阳修调走之后，还传唱着欧阳修的诗词。上至官民，下至百姓，都喜欢谈论这位醉里看人间的欧阳修。欧阳修更明白，调侃与传唱都是人们对他的赞誉与喜爱，通达之人自然能处处留下让人怀念的趣事。欧阳修调走之后，继任的是一位姓薛的官吏。

此人一过来，也赏玩了平山堂，见识了人们口中的欧公柳。于是，他也种下了一棵柳树，希望能被人们称为“薛公柳”。可惜画虎不成反类犬，除了他的家人和亲近的官吏称这棵树为“薛公柳”，其他人都视而不见。也是，这位官员只看见欧阳修的柳树，却看不见他的诗词早已传遍了大江南北，只看见欧阳修饮酒作赋，却看不见文章里的字如千钧。如此拙劣的模仿，怎会有人把欧阳修与其相提并论？

“落叶西园风袅袅。”醉翁不会知道，他在人们心中的印象如此鲜活可亲；更不会知道，他的经历，他的故事，会因短短一年的相处，而被扬州人传唱千年。他不知道的是，薛姓官员离任后，人们把他种下的那棵薛公柳连根拔起，再不留一丝痕迹。只有那棵枝繁叶茂的欧公柳，依然笑语春风，记载着欧阳修曾经的醉翁趣事。

那时的欧阳修，已经离开扬州很久了。

劝君莫作独醒人，烂醉花间应有数

离开了扬州的欧阳修依然是那位醉翁，而没有了欧阳修的扬州却失去了几分韵味。

这一次的调令，把欧阳修从扬州调到了颍州（今安徽阜阳），继续做太守。天下西湖三十六，颍州西湖比之杭州西湖毫不逊色。欧阳修到此之后，继续着公事与文章之事。颍州西湖尤为其所爱，他甚至为颍州西湖写下了《采桑子》十首。如：

采桑子·轻舟短棹西湖好

轻舟短棹西湖好，绿水逶迤。芳草长堤。隐隐笙歌处处随。

无风水面琉璃滑，不觉船移。微动涟漪。惊起沙禽掠岸飞。

这首词讲着春深时分，划船游西湖，“绿水逶迤”，长堤青翠。隐隐听见笙歌次第。平静的湖面无一丝风，如镜般滑透，人在船中，沉醉于景色，甚至难觉船移动。静水静花静山，天地只余下这春日美好，呼吸间感受这温润的西湖景致。一点涟漪出现，层层推波，“惊起沙禽掠岸飞”。一动一静间，西湖的柔美与清丽如在眼前。欧阳修有一双敏感而善于发现美的眼睛，山水入得他眼，进得他心，才能汇聚这如许灵气，成就这等佳句词篇。

没有欧阳修的颍州西湖也是寂寞的，就如春闺里的佳人，如果没有一位知其才情的人出现，那么也只能是默默枯萎。欧阳修之于颍州西湖，就如同高山遇见流水。在欧阳修的笔下，颍州西湖绽放出了天下山水无可比拟的美态。

采桑子·春深雨过西湖好

春深雨过西湖好，百卉争妍。蝶乱蜂喧。晴日催花暖欲然。

兰桡画舸悠悠去，疑是神仙。返照波间。水阔风高飏管弦。

春雨过后，西湖如此娇艳。百卉争艳之时，蝴蝶、蜜蜂匆匆飞来，喧闹的场景让人陶醉。雨过天晴之后的日子里，太阳催开了花朵，暖乎乎的天气让人怡然开怀。兰舟悠悠远去，风景入画，蜂蝶环绕，如此景象就像神话中的境况。“返照波间”，阳光在水波之间来回照耀。“水阔风高飏管弦”。水面平和宽广、风吹花香之时，管弦响起，如在仙境。

文学的最大力量就在于让人心驰神往。在欧阳修的笔下，颍州西湖景致如画，春雨之下如百花照水，蜂蝶纷飞，晴日丽花之时，水面平阔，风再吹起，衣袂翩翩，神仙景色里是词人欧阳修被景色深深陶醉的心灵。努力拼搏与坚守理想之间，拥有一颗时刻感知美好生活的心，是莫大的福分。这样的心灵，才能让自己从繁杂的公事中超脱出来，从满地鸡毛的庸常生活里感受到美好。

采桑子·荷花开后西湖好

荷花开后西湖好，载酒来时。不用旌旗。前后红幢绿盖随。

画船撑入花深处，香泛金卮。烟雨微微。一片笙歌醉里归。

这首词也是描写颍州西湖的美景的。“荷花开后西湖好，载酒来时”，最适观景。与春景不同的是，西湖荷花开放之时，越是行舟，荷花越是围绕，花深之处，满目娇艳。“烟雨微微。一片笙歌醉里归”。一点点细雨，一丝丝醉意，浅浅的酒香里，笙歌相伴美好如许。在欧阳修的笔下，颍州西湖醉人之处不知凡几，写诗填词，传唱千里，慕名而来之人不计其数。

采桑子·残霞夕照西湖好

残霞夕照西湖好，花坞蘋汀，十顷波平，野岸无人舟自横。

西南月上浮云散，轩槛凉生。莲芰香清。水面风来酒面醒。

“十顷波平”，寓意颍州西湖之宽广。“野岸无人舟自横”，少人来往的堤岸之上，舟系在外，自横而无人过问。“西南月上浮云散”，月亮升上来之时，浮云消散。莲花开放时清香阵阵。已经是残阳月上之时，风也带着清冽之意，风来酒意醒，映入眼帘的是天清云阔。月上枝头，船在湖中，风拂脸上，一切都如此恰到好处。

正如夏敬观所说：“欧阳修之颍州西湖十首，无一重复之意。”

在颍州的太守岁月里，在寄情诗酒的时光里，欧阳修如风在岸，怡然自得。他甚至认为此时比之在洛阳的时光也不遑多让。如花美眷，如此时光，欧阳修的诗词不被肉欲左右，只是被空灵的美感所成就。他的词清艳之间见风骨。在他的词里，一首歌有着悠长的余韵，一片阳光都有其自在的纹路。

为何欧阳修的诗词里，多是伤春感春？这是因为他爱春太深。感受过春天的每一丝痕迹，所以才会留恋，才会不舍，才会爱成伤。在颍州他获得的官声更佳，甚至在他离任后，前来送别的吏民十分悲痛，他还写诗安抚：“我亦只如常日醉，莫教弦管作离声。”哪怕走得再远，我也只是像往日一样醉然醺然，不要让弦管奏离别之声，一切如常，一切照旧。

欧阳修如同一颗闪耀的星，落在哪处，哪处便留下他曾照耀过的暖意。这是一位用自身魅力赢得人们信任的官吏，更是一位带着美的眼睛、发现美、记录美、终于把自己也变成美好存在的词人。

只是对于人生，他依然还是留有遗憾的：北宋积弱，他几遭贬谪却对国家毫无助益之处，寻求山水之间的慰藉终究还是一种无可奈何的退让。

玉楼春·燕鸿过后春归去

燕鸿过后春归去。细算浮生千万绪。来如春梦几多时，去似朝云无觅处。

闻琴解珮神仙侣。挽断罗衣留不住。劝君莫作独醒人，烂醉花间应有数。

“劝君莫作独醒人，烂醉花间应有数”。因为失望过，所以挣扎，所以了悟。谁愿意独醒，谁也无法选择，所以故作糊涂。劝得了自己放下，但劝不了自己遗忘。几十年苦读诗书，几十年官场历练。“燕鸿过后春归去。细算浮生千万绪。”燕子飞过之后，春天过去了，仔细算算，浮生诸事千万思绪。“来如春梦几多时，去似朝云无觅处。”来时似春梦般不知何时，去时又似朝霞找不到归处。来也轻渺，去也难寻。“闻琴解珮神仙侣。挽断罗衣留不住。”那般相知的伴侣，此时把罗衣扯断也留不住离去的脚步。劝你不要做独自清醒的人，在花间饮酒喝醉也应该有个度，不能再一味以酒为乐，醺然之间度日了。春梦与朝云的比喻，贴切而自然。那般难以寻觅的情状形容得十分到位。因为清醒，所以愈加痛苦。因为懂得，所以难以装作糊涂。朝野上下，守旧派官员依然占多数，此时的欧阳修即使再大声疾呼，京师路远，难以奏效。白发染霜之年，只希望后来的人们，清醒的多一些，再多一些，莫再独醒，共扶这江山社稷，烂醉花间也有知音！

第七章

诗词大家，天下门生聚

一点沧州白鹭飞

能力越大，责任越大。因为懂得，所以轻易不荐人，一旦荐人，必成大业。

欧阳修外放贬谪的这几年，看遍了好山好水，饮遍了四处好酒。醉翁之名，远近皆知。欧阳修不同于占官场绝大多数的庸吏，其父是难得的良吏，欧阳修也继承了父亲的官风，慈悲心肠，办事公正。生于和平时代的欧阳修，在政坛上最看不得的便是庸官贪吏。

贬谪之路上，欧阳修的词风行全国。甚至在颍州还传言有一位歌伎会唱欧阳修所有的词。但再大的名气也没有办法阻拦生老病死，欧阳修的母亲郑氏去世，欧阳修回乡丁忧。母亲给予了他最温暖的家，即使没有父亲的陪伴。丁忧的三年里，他深切怀念母亲给予自己的一切，从乐观坚强，到坚守本心，这一切都是母亲给予他的。

结束丁忧之后，宋仁宗给予了欧阳修更多的信任。其实在宋仁宗心里，欧阳修才学与为人都十分出众，忠诚爱国，更有着少见的魄力与能力。因为朝堂中守旧派势力太过庞大，小人的攻击无孔不入，无所不用其极，所以即使是宋仁宗也无法护住欧阳修。

欧阳修的官位越来越高，充龙图阁学士，晋爵后食邑八百户。宋仁宗甚至赐予他紫金鱼袋，以表喜爱。而此时的欧阳修已经居于吏部的高官，宋仁宗又赋予了他“流内铨”之权。流内铨掌控着所有官吏的进退赏罚。但是欧阳修依然不改本色，在任上办事正直，不讲情面，当时朝野内外的庸吏与贪官再一次盯上了他。

很多时候，小人比君子更得志。因为小人为了达到目的，不会忌讳手段。而君子则因为有着良知的底线，在很多时刻都显得束手束脚。欧阳修任流内俭还不到六天，大量的贪官买通了太监，在宋仁宗面前百般讲欧阳修的不是，甚至还联合起来设计诬陷欧阳修。如此这般，欧阳修不得不辞去这个职务。

难以言表的愁闷，再加上几次败于小人集团的经历，让欧阳修内心难以平复。内心的困顿难以抒发。欧阳修闭门写《新唐书》，一任内心思绪流于纸面，千秋之事，尽付后人评说。也是在这段时间里，欧阳修开始写自己的长诗，动辄数百言。

采桑子・何人解赏西湖好

何人解赏西湖好，佳景无时。飞盖相追。贪向花间醉玉卮。

谁知闲凭阑干处，芳草斜晖。水远烟微。一点沧洲白鹭飞。

“行到水穷处，坐看云起时”。人生在世，总有不得志之时，也总有郁郁难解之事。何人能真正了解西湖的美好？佳景无时无刻不在。车盖如飞，相追相看。贪恋花间饮酒，共看风景。谁知道“凭阑干处”，芳草地上夕阳斜晖如许。水亦远，烟亦微。一切尽在不言之中，只有远处白鹭飞，尽在心里，尽在景里。

正如一切尽在书中，一切尽在词里，欧阳修执笔之时的愤慨与压抑，都只能在山水之中得以缓解。而欧阳修辞职流内俭后，宋仁宗又给了他一道新的任命：判三官院，依然是掌握着官员的进退赏罚。但这个判三官院则是掌管武官的升贬赏罚，压力骤小，因为北宋扬文抑武，武官在朝堂里的地位很低。

欧阳修一样把这份职责履行得非常好，秉公办事，条理清晰。但是很快，欧阳修的注意力不在武官身上了，而在当时的宰相陈执中身上了。此时依然是守旧派当政，这个陈执中正是其中具有代表性的一员。作为庸吏的典型代表，陈姓宰相办事做人含糊，从不积极表态。但是一遇到利益方面的抉择，陈执中则一丝一缕描画得十分清晰。欧阳修此时已回到京师一段时间，已经知道陈执中的家人借其名到处搜刮。但陈执中的态度却是装聋作哑，一切推作不知道、不了解，如此一来，彻底触怒了欧阳修。宰相行事都如此，北宋其他官吏还有何顾忌？

欧阳修连连上书弹劾陈执中，言辞尖锐，大而无畏，丝毫不顾忌影响。他的愤怒甚至超出了宋仁宗的预期。当时北宋派他出使辽国，欧阳修迟迟不出发，一次又一次地拖延出发的日期。他的目的就是要亲眼看见陈执中被罢免，才能放心走上出使辽国之路。

浪淘沙·把酒祝东风

把酒祝东风。且共从容。垂杨紫陌洛城东。总是当时携手处，游遍芳丛。

聚散苦匆匆。此恨无穷。今年花胜去年红。可惜明年花更好，知与谁同。

“把酒祝东风”，拿起酒杯祝一路顺风。从容而去，自在而行。垂杨柳在紫陌洛阳的城东。这些都是一起游玩过的地方，花开处处，回忆处处。可叹聚散匆匆，这样的遗憾无穷尽。今年的花比去年的更红艳，思及此，去年游览的往事还历历在目。只是可惜，明年花更好之时，陪伴在身边的人又会是谁呢？

一路出使辽国，将卒随行。北方的风吹散了南国烟雨的温润。六千里路的距离，北宋都城越来越远，而辽国都城越来越近。一直以来，辽国在欧阳修的心中，就是一种想象与传说，而今真正代表北宋出使辽国时，看到的却是一种惊心动魄的存在。

那时的辽国，举国皆兵，气候恶劣，飞沙走石，却儿童能走马，妇女亦腰弓。如此一比，喜好诗词歌赋的北宋就像是一个孱弱的少年，弱不禁风，风吹亦折。欧阳修内心被触动了，他当即明白了为何北宋的军队会吃败仗。越是温润的地方，越是养人，也越容易养出娇滴滴的人。而气候恶劣的地方，生存已是辛苦，自然战斗力更强。

而让欧阳修没有想到的是，一路顺利到达辽国，接待他们的官员请来他们当地的歌伎为其唱歌。在欧阳修等北宋官员看来，这样偏远之地的歌伎，即使是辽国亲自请来的，也算不了见过世面的。果然，歌伎听从吩咐，却一语不发。及至席间，歌伎唱腔一开，却唱的全是欧阳修的词。直到此时，欧阳修方才明白自己的词影响有多大。

而欧阳修隐隐也觉察出，即使辽国地处偏远，这里一样也通信息，通音书，北宋江南的风物一样不少，经济并不落后。这样的认知，让欧阳修更为心惊。人说，读万卷书不如行万里路。见识越多，对于生活的领悟越深刻。生活是最好的老师，也是最睿智的导师。一切寻不到答案的疑惑，都可以在生活中找到解答。

辽国之行，让欧阳修再次看到了辽国的潜力。当时的辽国学习汉字与诗词的学者也很多，甚至在骈文与古文上都有相当的造诣。其实欧阳修最初为了应试时，对汉唐以来的骈俪之文进行过深入的学习，而且研究了很多经典的骈文。可以说即使是只写骈文，欧阳修也达到了一流水平。当他到洛阳之后，一直以来对韩愈的崇拜，再加上结识尹洙后开始系统接触古文的写法，这些都让欧阳修逐渐在文风中渗透谨严的古文风格。当然，欧阳修对于写作十分慎重，每一篇文章，每一首诗词，不改到十全十美，他不会定稿。

辽国负责接待的官员对于欧阳修的文学造诣和传唱千里的词十分

崇敬。本身欧阳修学识渊博，谈论时事切直而敏锐，行文与为人一样格正而端方。这些都让辽国人对其礼遇有加。纵观史实，欧阳修在文学上的造诣突出，特别是其议论性散文，与时事密切相关。如《与高司谏书》，义正词严间痛斥了高若讷在朝堂之上装聋作哑、两面三刀的行径。其情如火，其势如刀。再如在庆历年间作的《朋党论》："臣闻朋党之说，自古有之……大凡君子与君子以同道为朋，小人与小人以同利为朋！"成长在儒家文化之下的文人，越是愤怒，越是英勇。

北宋即使在国力上积弱，但从本质上来说，欧阳修等人的存在也让辽国不可小觑。一个国家的脊梁在于其官民的骨气，而一个国家的长久则在于自尊与自强。宋仁宗不失为一个明君，即使在守旧派如此势大之时，依然尽全力扶持新政派。从某种意义上来说，宋仁宗也是欧阳修的伯乐。论实事，抒正气，欧阳修让宋仁宗如此青睐的原因也在于其为官，不以官为义，作文，不以文为本，而是真正从黎民百姓出发、从人生境况感慨。如此，方动人！

"可惜明年花更好，知与谁同。"明年花更好之时，天下谁人不识欧阳公？

急景流年都一瞬

六千里路，再次回到汴京，物是人依旧，却开启了新的故事。

皇祐元年（公元 1049 年）欧阳修回来之后，被宋仁宗大力嘉奖，表彰之外，先后任翰林学士、史馆修撰等职。此时的汴京大雨倾盆，五月的黄河泛滥成灾。整个京师成为一片水乡泽国，甚至国祭的祭坛都被雨水冲垮。宋仁宗大怒，大惊，要求所有官吏反思朝政。在那个朴素的年代，一切天灾都被视为对人行为的警示。

天灾起于人祸，这样的思想人所共有。欧阳修的文章里都是对自身的反思，对庸吏的痛斥。甚至欧阳修自觉年华已逝，“老牛自知夕阳晚，不用扬鞭自奋蹄”，想要去做一些身体力行的事，自然会得罪人。

定风波·对酒追欢莫负春

对酒追欢莫负春。春光归去可饶人。昨日红芳今绿树。已暮。残花飞絮两纷纷。

粉面丽姝歌窈窕。清妙。尊前信任醉醺醺。不是狂心贪燕乐。自觉。年来白髮满头新。

对着酒杯享受欢乐时光，千万莫要辜负春天的时光。如果辜负，春光一过，再求它也不会回来。时光易逝，昨天满树红芳今天已然是绿树枝头。日暮时分，残败的花瓣、纷飞的柳絮两相荡漾。佳人传唱，丽人献舞，清雅而曼妙。酒醉醺醺之时，不是贪图享乐。只是年华易逝，再过一年来，白发将满头。

越是如此，欧阳修内心越是焦灼。一个已经在贬谪之路上浪费太久时光的人，自然会对这一切有着急切的担忧。这样的情绪让他在北宋此时的大雨大灾中，还参了狄青一本。不为其他，参狄青的理由非常简单：欧阳修认为狄青在军中的威望太高，担心他会在灾乱中使军队动乱。

这样的理由，便参掉了一代名将狄青。欧阳修不是完人，他的视野也会受自己的眼光局限。更为可惜的是，狄青被参掉之后，未及一年，便郁郁而终。北宋名将，死于这样的理由，实在令人扼腕。看待一人的一生，正反两面都要看。人非圣贤，都会犯错，也会犯傻，甚至还会一腔好意化作恶果。

“急景流年都一瞬”，千秋功过谁人去说。宋仁宗之于欧阳修，是伯乐般的存在，但欧阳修之于狄青却是噩梦般的存在。出身贫苦的狄青，靠自己的军功与拼搏终于挣得军中如斯声望，却在灾年里因为这样莫须有的理由而被参。如果狄青心性如欧阳修一般，即使被诬陷被参被贬依然能于山水之中找到出口，北宋至少也能保留一位让辽国胆寒的名将。

但历史不能重来，正如时光易逝，再不回头。

浣溪沙·翠袖娇鬟舞石州

翠袖娇鬟舞石州。两行红粉一时羞。新声难逐管弦愁。

白髮主人年未老，清时贤相望偏优。一尊风月为公留。

翠绿的袖子两相舞蹈，红粉佳人一时羞涩难当。新唱的歌谣也驱不散管弦里的哀愁。早生的华发掩盖住了主人原本的年龄。此刻，这样的心情与这样的情绪，只静静留下风与月，待公来，等君子品鉴。

很多时候，无可奈何之际，只留风与月，待懂的人来。这是一种默契，也是一种沉默。至和元年（公元 1054 年）的八月，此时的欧阳修已经在京师有了巨大的声望。他依然是那个如剑般锋利的欧阳修。对于有才学的后辈，他一力推荐。经他推荐上去的有：包拯、富弼、韩琦、范仲淹、吕公著、文彦博、王安石、司马光等。

树大招风，欧阳修再次被构陷污蔑，被贬。欧阳修荐人可称得了是北宋第一人。经他推荐上去的人才不计其数。但因为欧阳修把精力用在培养后辈上，自然也就顾不上联络其他人进行自身势力的巩固。一味推后辈，而疏忽自身，污蔑与陷害纷至沓来。宋仁宗贬其官的命令刚刚下达，欧阳修按律上朝辞别之时。仁宗挽留："别去同州了，修《新唐书》吧。"

如此一来，欧阳修免去了被贬谪的命运，任职翰林学士，编著史书。史书的编写，能够令人忘记短暂的现实烦忧。欧阳修与宋祁一起修《新唐书》。归至家中，再自修《五代史记》。作为一个有着强烈使命感的文人，欧阳修认为文以载道，他相信文字的力量是无穷无限的。儒家之道在他看来，与现实生活息息相关。相比于使用文体进行公牍写作，欧阳修更重视文字代表的思想与意境。文体的艺术应与思想同步，论事作文应直抒心胸，以求对社会有所助益。

行文如同性情，喜哪种文体自然会写哪种文章。欧阳修喜爱韩愈的文章是因为其论事直白，有所意义。但是欧阳修在经过长时间的研究与学习后，对于韩愈与柳宗元文章中隐含的奇险深奥有所觉察，遂弃之不取。取其长，而补其短，欧阳修不喜骈文，但对于杨亿等骈文大家的佳作也有着很高的赞誉。欧阳修不反感任何文体，他只是取各种文体之所长，进而推动了北宋词文的革新，如纠正过于偏颇的韩柳文体的缺点，截取了骈文中雄文博学、笔力矫健的优点，最终打开了北宋古文的新篇章。这样的变化也体现在欧阳修的词中：

越溪春·三月十三寒食日

三月十三寒食日，春色遍天涯。越溪阆苑繁华地，傍禁垣、珠翠烟霞。红粉墙头，秋千影里，临水人家。

归来晚驻香车。银箭透窗纱。有时三点两点雨霁，朱门柳细风斜。沉麝不烧金鸭冷，笼月照梨花。

三月十三寒食之日，到处皆春色。此时越溪繁华之处，近禁垣里，那里珠翠烟霞。红粉墙头上，秋千映水，小桥人家。几句几字，一幅晚归春色图映入眼帘。“归来晚驻香车。”回来时天色已晚，于是停驻香车。阳光如银箭一般透过了窗纱。“有时三点两点雨霁。”最直白这一句，却最是贴切。三点两点，之后雨收天晴。“朱门柳细风斜。”朱门艳红，配着绿柳扶风，斜斜映着阳光。没点的香炉已是冰冷，月初上，朦胧一团映照梨花。

在此，不得不提的是欧阳修后来在修史工作中，其文笔通达在《新唐书》中体现得淋漓尽致。由于参与修史书工作的人很多，考虑到各人的文风不同，欧阳修的工作是统筹全稿、统一文风。此时，北宋文坛上，古文被视作标新立异的文章，愿意写的人非常多。但是过于追求形式的标新立异，反而只是一种形式主义。以当时的宋祁为例，他在写《新唐书》列传时，爱用深奥的古义，行文生涩难懂。

对于这一点，行文通达的欧阳修颇有微词。可是作为后辈，欧阳修只能劝，不能直说。一次，书局的门上出现了：“宵寐非祯，札闼洪休”八个字。宋祁仔细端视了半天，琢磨了很久，笑了出来：“这是谁写的，一句‘夜梦不祥，题门大吉’为何要写成这样？”欧阳修也笑了，说："为了模仿您在《新唐书》中的笔法啊。您把'迅雷不及掩耳'这句大白话，都写成'震霆无暇掩聪'了。"

宋祁一点就透，不禁又笑了。自此，其文章写作日趋简达。

语言自有其生命力。简明通达的语言，配上如画般的景致，再不见繁文生僻的形容，几笔勾勒，几字轻点，便成一曲欧词。可知欧阳修诗词里的小处见真意。急景流年中，越是生活常见，越是流传长久。

劝君满酌君须醉

欧阳修作词写文力求简达，而行事做人，更是求尽兴，求纯粹。

欧阳修爱才如命的美德传得很远，以苏洵为例。那时的他拿着成都镇守张方平的推荐信来到京师拜见欧阳修。欧阳修与张方平关系并不好，因为彼此之间政见不同，所以两人互不说话，已达十年。欧阳修的性格很直率，他认为张方平就是一个食古不化的老怪物，脾气怪，性格亦怪。但此时苏洵从僻远的蜀地带着张方平的推荐信来到京师找欧阳修，却被迎进了门。

无他，唯爱才耳。

欧阳修与张方平两人互不待见，却深知彼此为人。这个眼神不好的欧公，仔仔细细研读了苏洵带过来的所有文稿，一字一句为朝廷写了《荐布衣苏洵状》。感于张方平的荐人之心，欧阳修特修书与其，两人重归于好。

那时的他已成诗词大家，因为其文学声望日盛，嘉祐二年，即公元 1057 年，欧阳修任科举主考官。这一年的科举也成为了宋代科举考试的重要转折。这一次，主考官欧阳修已经着力于古文运动数十年，身体力行之外，更发掘了一大批有潜质的才子青年。此次科举，欧阳修有意将其作为一次试金石，推行全国。

北宋科举有三个考试项目，分别为诗、赋与策问。其中诗非常好理解，而赋则是指汉唐以来的四六骈文，讲究的是太学风格，讲究用险韵，讲究用生僻字。其典范可见司马相如所作的汉赋。当然，在求学之时，欧阳修在骈文上也有很高的造诣。但他自己更喜爱的是如陶渊明《归去来兮辞》这般的骈文。而当时流行的多是如初唐盛世一般的语言华丽、内容空洞、讲求排比与气势的骈文。

当位置达到了，那么一切的改革都变得水到渠成。此时的欧阳修任三年一次的礼部试，即贡举。欧阳修为主考官，副主考为范镇、王珪。从这些人的分量可知国家对于科举的重视。贡举决定人生际遇，“中夜起坐，裹饭携饼，待晓东华门外。”半夜就爬起来，带着饭，带着饼，来到东华门外等待天明。待考场开门时，经常见到的就是考生过度紧张，晕倒者有之，抽搐者有之，甚至还有发疯的。

这一次的贡举，欧阳修的至交梅尧臣担任小试官。而此次以古文运动为实质的科举，共取 877 个进士。录取人数创了北宋历史之最。也是在这一年，古文运动的思想如春回大地播种到全国各地。礼部试带动了省试与乡试。自此，全国读书人，在嘉祐二年后，其行文写作开始转向古文方向。这直接开启了宋朝士大夫文化的序幕，因此可知，无欧阳修，宋朝文化不可能如此璀璨。

但先锋是寂寞的，更是危险的。

放榜之时，欧阳修骑马过街，被众多士子团团围住，呼喝怒骂，要拉他下来打。万幸的是士卒闻讯而来，解救了他出去。《四朝国史》记载：“欧阳修知嘉祐二年贡举，时士子尚为险怪奇涩之文，号‘太学体’，修痛排抑之，凡如是者辄黜……场屋之习，从是遂变。”从这一段可知，当时参加科考的士子们依然写着险怪之文，欧阳修非常反感这种文风，于是写出此种文的一概不予录取。

由此可知，在此次科举中，因为考官都是古文运动的支柱，所以欧阳修的古文推广非常顺利。有创新的文章得以录取，而沿袭以往文风的全部落榜。而欧阳发，也就是欧阳修的儿子回忆说道：“榜出，士人纷纷惊怒怨谤。其后稍稍信服，而五六年间，文格遂变而复古。”不能不提的是，也是在这一年，苏轼取第二名。

实际上，科举是闭卷考试。每一份考卷都只标记号。当时欧阳修看到苏轼的文章之后，以为是曾巩所写。为了避嫌，于是把其取为第二。由此可知，苏轼当年的文章写得有多惊艳，才会让欧阳修以为是自己学生曾巩所写。时也运也，如果不是当年嘉祐二年的科举变更，苏轼落榜的概率非常大。

欧阳修对于有真才实学的后辈能付出一切去为其铺路。见到苏轼后，再了解其文章、为人，欧阳修“不觉汗出，惊为异人。”此后，欧阳修这位身居高位的京官为苏轼奔走铺路，为其四处引路，甚至扬言：“老夫当避路，放他出一头地也……”今日读起来，依然能感受到欧阳修当时的激动和可爱。这时的欧阳修已然五十岁，谈一句“老夫”也是相宜。

但这个“老夫”，可是名满天下的欧阳修！欧阳修看着苏轼如找到一块奇珍异宝。他四处宣扬：“三十年后，无人道着老夫也！”三十年后，没有人再记得老夫我了，大家快来认识苏轼吧！受到如此褒扬的苏轼此时才二十岁。说出此话的欧阳修当时已经是朝堂泰斗、文学巨匠，天南海北，老幼皆知其名！

由此可知，天下门生聚的欧阳修，若无此心胸，怎么担得起北宋诗词大家之称，甚至让苏东坡思念其一生？其情其人，真如瑰宝！无欧阳修的苏轼，需要在官场走多少弯路？而没有苏轼的欧阳修，又要少一个知己学生，暮年又该多寂寞！

贺圣朝影·白雪梨花红粉桃

白雪梨花红粉桃。露华高。垂杨慢舞绿丝绦。草如袍。

风过小池轻浪起，似江皋。千金莫惜买香醪。且陶陶。

梨花如雪，桃花如粉。露华高涨。垂下来的杨柳如慢舞轻摇。草地如衣袍。风吹过小池之时，轻轻的波浪漾起，似江水之浪。千金难买是好酒，且乐且陶醉。这首诗词里，词人乐天安适、处处美景的心境显露无疑。已是知天命之年，乐一日是一日！

自贫处求学苦练，几经贬谪，终成今日文学泰斗，欧阳修行来，步步扎实，步步刚直。也因为如此，年华易逝，却终于取得了如此成绩。自少时识得韩愈文章起，至今日白发染霜，欧阳修终于让天下读书人理解了何为平易，何为文章千古事！

凭一己之力，力荐才俊。自此千古垂名的三苏父子步入了北宋政坛。

挥毫万字，一饮千钟

天下门生聚，并不是一句空谈。此时的欧阳修，已然是门生遍朝野，人生行至此，豁达已然是常态。

朝中措（送刘仲原甫出守维扬）

平山阑槛倚晴空。山色有无中。手种堂前垂柳，别来几度春风。

文章太守，挥毫万字，一饮千钟。行乐直须年少，尊前看取衰翁。

这首词正是欧阳修离开平山堂后所写。“平山阑槛倚晴空。山色有无中。”如此妙语，得苏轼解释之后，更添雅趣。原来这首词是苏东坡最爱的一首，他在欧阳修去世多年之后，还专门提笔写“记得醉翁语，山色有无中”。后人仔细一想，第一句正是写晴空万里，为何山色却是有无中呢？按道理来说，如此晴空，应该是山色清晰，丝丝分明。

经过苏东坡这一提醒，欧阳修深度近视却得妙句如此，让人莞尔。“手种堂前垂柳，别来几度春风。”他亲手种下了这棵柳树，不知分别之后还要经历几次春风。“文章太守，挥毫万字，一饮千钟。”欧阳修遭贬谪之时，历任各处太守，写文写词处处耀眼。饮酒醉然，海内皆知。“行乐直须年少，尊前看取衰翁。”要及时行乐，还是应该趁着年轻。别到老来似我这般，已然是衰老却依然颓然于酒杯之前，相乐于一处。

越是到老，越是愿意与生活握手言和。欧阳修自封为文章太守，实至名归。但他更愿让人知道的则是醉翁的名号。三遭贬谪，让他的人生于山水间得以拓展。有些人，在遭命运打击后越发柔弱，而欧阳修此人，却越是打击，越是潇洒旷达，不拘不愤。

嘉祐四年，欧阳修得仁宗钦封为龙图阁学士，权知开封府。要知道，这已经是北宋权力最大的地方官。但欧阳修极力请辞，后继任者则为妇孺皆知的包龙图。而包龙图也是欧阳修推荐上去的，即包拯是也。此时欧阳修身体情况已经逐渐弱化，且《新唐书》的修编也占去了他大量的精力。

仁宗不许，继续加封食邑。欧阳修再三请辞而不得，只能挑起这副重担。人生太多事情，就是年轻力壮之时，因为经验与资历的欠缺而只能郁郁不得志；及至临老，各种重担纷至沓来，却只能接受。因为“莫道桑榆晚，晚霞尚满天”。人生难得几回搏，终于有了条件可以一展心中所想，何不全力以赴？

蝶恋花·尝爱西湖春色早

尝爱西湖春色早。腊雪方销，已见桃开小。顷刻光阴都过了。如今绿暗红英少。

且趁馀花谋一笑。况有笙歌，艳态相萦绕。老去风情应不到。凭君剩把芳尊倒。

最喜欢西湖春来早，此时腊月的雪才融化，桃花小朵小朵绽放。还没来得及感慨，光阴已经又过了几轮，现如今已绿叶转深，红花变少。在这时候，赶紧趁着还有几朵花笑一笑吧。何况周围还有笙歌，如此美景，景在乐曲中艳态缠绵。如果再等老去，那风情也不会如此美，只能独自拿酒杯饮酒而无景致相陪了。

劝人惜取光阴的诗词非常多，但是欧阳修的词首首都有新意，次次都能从新的角度给人醒悟。老去的时节里，想的最多的便是曾经的岁月，还有被蹉跎掉的青春。欧阳修不说懊悔，不谈往昔，只是在这人生半老未老、花半谢未谢的时节里，趁此景，听笙歌。

人生如欧阳修者，少也。早年之时，发奋用功，终于迈进了自己想要的生活。中年，几遭贬谪，反而游遍山水，行走间得来了一个全天下都乐而识之的醉翁。他的贬，似仙人指路，向着山水小城而去。没有了他，哪里会有平山堂，哪里能有丰乐亭，哪里会有欧公柳，哪里来的醉翁亭？丰富而充实的生活里，写史如写寻常文章，写词传遍街头巷尾，文章聚天下门生，学问得朝野共敬。

没有这样的欧阳修，何来北宋如此多的名臣？未知自身，何以知人？欧阳修推荐的名臣太多太多,欧阳修是空前的,但因为有了欧阳修，北宋以后，有能力承继文学者众多。欧阳修还有一乐事。那时的张方平经过苏洵之事后，两人已修好。张方平一次到汴京，专门来找欧阳修斗酒。欧阳修居然马上答应了。

要知道，张方平是有着千杯不醉的名号。但这位醉翁显然也并不认输，饮酒乐事几十年，难逢对手，今天与张方平拼一次！两人一斗就是百余杯酒。欧阳修痛饮百余杯后，大笑起身，脚下却丝毫未乱半分。为了赢张方平，欧阳修也是拼了！

这位文章太守，越来越得到仁宗的信任，此后几年，升官不断，从枢密副使，到参知政事。可以说，此时的欧阳修已经可以参与国家的直接决策了。繁忙的公事、忙碌的应酬与交际之外，欧阳修还静下心来，继续写词，练字刻章，品书画，观茶道，听丝竹，下棋，主持文学会……欧阳修像不知劳累一般，每日每夜殚精竭虑。当然，忙碌之中幸福快乐的时光也很多。

浣溪沙·十载相逢酒一卮

十载相逢酒一卮。故人才见便开眉。老来游旧更同谁。

浮世歌欢真易失。宦途离合信难期。尊前莫惜醉如泥。

十年终于相聚，相逢之时满酒一杯。才见到相识的故人，紧锁的眉头便舒展开来。年纪已大，此时能一起回忆旧游境况的还能有谁?浮世间歌舞欢畅却难得一个真字，官途中分离相聚更是难以预料。既然是如此难以预测，那么在酒杯面前，再不要顾及，趁此相聚，哪怕是醉成泥也是值得。

畅快达观，“挥毫万字，一饮千钟”。此时的欧阳修为自己起了一个号——六一居士。六一，指金石遗文一千卷，家中藏书一万卷，有琴一张，有棋一局，有酒一壶，再加上醉翁一个，且成“六一”！自在飞扬，侃侃而谈。

人生当如此，不负此白头！

第八章

一生绚烂，渐行渐远渐无书

重倚朱门听马嘶，寒鸥相对飞

只是越是嘹亮的曲调，到后来，越是难以为继。

烈火烹油一般的日子过了几年。那时的他，每日弹琴写诗，处理公务，兴致一来，便为自己曾经写的词谱曲子，那时欧阳修的词隔一段时间就会风靡一座城市。但是欧阳修并未停止自己修改文章的习惯。此时他的每篇文章几乎都会被天下读书人视为圭臬，即使不修改，也及得上一流水平。

他的夫人每看见他拿自己年轻时的文章一再修改，一再誊写，总要问他何必如此。他已然是德高望重，何苦这样去严格要求自己？但欧阳修只回答：“不怕先生骂，却怕后生笑。”原来他只是怕文章流传到后世，被后来人嘲笑，所以宁愿一遍一遍修改，直到自己满意为止。

御带花·青春何处风光好

青春何处风光好，帝里偏爱元夕。万重缯彩，构一屏峰岭，半空金碧。宝檠银釭，耀绛幕、龙虎腾掷。沙堤远，雕轮绣毂，争走五王宅。

雍容熙熙昼，会乐府神姬，海洞仙客。拽香摇翠，称执手行歌，锦街天陌。月淡寒轻，渐向晓、漏声寂寂。当年少，狂心未已，不醉怎归得。

在这首词里，欧阳修起首一句“青春何处风光好”。何处最适宜青春看景？元夕最好。“万重缯彩，构一屏峰岭。”接下来每一句都是描写元夕那日花灯如昼、人群喧闹、走马看灯的景象。“渐向晓、漏声寂寂。”热闹久了，珠翠与才子，仙客与知音都化为天边的月淡寒轻。风再起时，敲更声慢慢响起。热闹的心绪还未平复，年少的心怎么就甘愿这样结束？自然要大醉一场，才不负这喜乐狂心，才能尽兴。

欧阳修出身于小县城之家，再加上他本身相貌不出众，视力又差，处世切直，年轻时没少受罪。但其才华过人，年龄越大，其才华犹如陈酒，让人难以忽视。母亲的温柔照顾，让欧阳修性格乐观而细腻，为人处世上虽然直接，但胜在正直而率性，豁达而大度。但是欧阳修性格上还是有一处最柔软之处。

早年间，他因为连续上书弹劾吕夷简，就被小人构陷说其与养女私通。如此奇耻大辱，让欧阳修内心郁郁良久。这种泼脏水式的攻击已经是一种纯粹的诬陷，更是小人拉拢犯下错事的养女一起合谋的奸计。那时的欧阳修因为这一次攻击，几乎是抑郁着去了贬谪之地。而这样一次诬陷也让他当时的声名大减，甚至有人真的误会了他。

好在欧阳修在饮酒中找到了解脱的方式，在山水间感叹到了自然与人生的真谛，勤恳务实，宽简为官，终于一洗身上之冤。而这一次让欧阳修难以想象的是，曾经最为痛楚的地方，又被再一次攻击了。

当时欧阳修的夫人有一位堂弟，姓薛，名宗儒。此人在任上之时，犯了事，于是跪求时任宰执的欧阳修相救。欧阳修帮理不帮亲，何况薛宗儒的确有错，于是拒绝了他的求助。当薛宗儒被削去官衔后，却视欧阳修为仇敌，恨他恨得咬牙切齿。欧阳修为官清正，才学过人，无把柄可抓，且门生遍天下，要攻击他也非易事。

于是，薛宗儒开始莫须有地攻击堂姐夫的私生活作风，诬其与儿媳吴氏有染。这样纯粹泄愤之语，欧阳修的儿子听了气到跳脚。欧阳修对薛宗儒几番严厉斥责后，却不想此事被蒋之奇借故拿来大做文章。蒋之奇与欧阳修历来就有仇怨，这一次此事出来后，他连书几章，大书特书，细节详实，编造谣言如在眼前。如此一来，欧阳修气到几乎背过气去。

年事已高的他，还未来得及多说什么，直接就被气病了。

此时仁宗已经驾崩。新继位的皇帝百般安抚欧阳修，一经审问，果断罢免了蒋之奇。诸大臣也纷纷为欧阳修辩护，为其申冤。奈何欧阳修这一生，最不能忍的便是他人对自身品德的怀疑和诬陷。养女之事，完全是诬陷，却让他几乎用了六年的时间才恢复过来。此时儿媳的事再出来，他几乎心都伤碎。

每个人都有逆鳞之处。欧阳修受此诬陷几乎差点死去。他几乎无法再直视在汴京的日子。言语中的攻击还能还手，但这样莫须有的罪名又如何去分辩？欧阳修此刻连酒都不愿意喝了，他的内心几成荒野。

采桑子·十年前是尊前客

十年前是尊前客，月白风清，忧患凋零。老去光阴速可惊。

鬓华虽改心无改，试把金觥。旧曲重听。犹似当年醉里声。

十年之前，他是金杯的客人。饮酒之时，月白风清冽。而今忧患劳累，凋零不休。老去的时光里，光阴如箭，一瞬无情。耳边的头发虽然已经染上白色，但其内心本色依然没有改变过。试着把盛酒的杯子端起。再一次听到曾经的曲子，还是像曾经醉后的声音。是时光倒流还是往昔重现？

欧阳修看着身边的亲人，儿子欧阳发已经长大成人，家庭和睦，生活幸福；夫人跟着自己，一生持家有道，此刻也头发微霜，时光不饶人；而自己呢，一生如一场梦一般，恍然之间就已然数十年过去了。

还记得第一次来到汴京时的雀跃吗？时光真快，还没来得及感慨，就已经老成这般模样。

仁宗也已经驾崩。他当得起仁字，他的全力的支持，还有对自己实打实的信任，都让欧阳修万分感激。游过的西湖，看过的山水，喝过的好酒，品过的香茶，一五一十地都在眼前回放。曾经的伤口原来根本没有愈合，自己依然是隐隐作痛。君子与小人，为何是如此交道？口出恶言的居然会是自己的堂弟，而拿此事做文章的却又是那个一直与自己有嫌隙的蒋之奇！一旁，夫人内心如刀绞般痛苦。她知道，这一次，欧阳修被伤得太深。

一再回想，便无法忘怀。越想忘情，便越难真正清醒。欧阳修发现此时的自己已经失去了挣扎的力气。家人回禀了几次，那些口出恶言的人已经被罢黜。只是为什么，自己依然难展欢颜？受过的任何委屈，母亲都能安慰。此刻，母亲逝世也已经很多年了。人生如此，有何意味？前一阵还在和张方平斗酒的醉翁，此时却像被人生灌了一瓶烈酒，动弹不得，难以自控。

玉楼春·两翁相遇逢佳节

两翁相遇逢佳节。正值柳绵飞似雪。便须豪饮敌青春，莫对新花羞白发。

人生聚散如弦筈。老去风情尤惜别。大家金盏倒垂莲，一任西楼低晓月。

“两翁相遇逢佳节。”我们两个老头子相遇时，正好是佳节时分。“正值柳绵飞似雪。”此刻只能豪迈地饮酒才能显出青春年少，也莫让新开出来的花，对着这两个老头子的白发而感到羞涩。人生聚散往事，如弦如筈。老去之时，更是见一面少一面，谁也不知道下一次见面会是何种情形。来吧，还是饮酒吧，哪怕喝到西楼月低垂，也是美事一桩。

还是老了，不可逆转地老了。但是为什么老了之后，最痛的地方依然不能触碰？那里的伤疤似乎从来没有完全好过。年纪增长，为何这些依然如此脆弱呢？欧阳修思之不解，却不再爱出门。也许越是活得一身正气，越是在意声誉。一辈子刚强豁达的欧阳修，三次贬谪没能伤得了他，几番起落没有伤得了他，却两次因为这样的诬陷而身受重伤。关心慰问他的后生屡次登门，而曾经笑呵呵的醉翁却再不愿意开门，只留给他们一个惨淡的背影。终于有一天，他收拾心情，坚定地上书神宗。

神宗在朝堂之上看见白发苍苍的欧阳修时，很是激动。这样一位以天下苍生为己任的朝廷实干之臣，是他的父亲宋英宗为其留下的力量与支持。欧阳修的为人与能力，也让他上位后轻松许多。这一次欧阳修上朝来拜，他以为欧阳修终于想通了，放开了，再也不会因为那样的小人而伤怀了。但没有想到，欧阳修一开口，却是请辞。他不想再做宰执，不愿再待在东京，他甚至认为自己已经不适合出门。神宗万万没有想到欧阳修的伤口居然如此深！

百般苦劝，千般挽留。只希望欧阳修不要因为一时的心痛而请辞。

欧阳修坚辞不受。宋神宗也是无语可说，唯一坚持的一句话便是：不准辞。

越是对自己有坚持的人，越不能接受这样的污蔑。但世间总有这样的小人，因为一己之私，因为一时之愤，如恶犬一般四处吠人。欧阳修的夫人痛心疾首，她万万没有想到堂弟会这样构陷欧阳修。但她更担心的是欧阳修的身体。常年饮酒，再加上三次遭贬谪时四处颠沛流离，及至京师后每日忙于政务，日夜操劳后却受此打击，欧阳修真是心灰意冷，身体一下垮了。

再三请辞，却依然不允。欧阳修上书，乞表外放，他选择去亳州做太守。

亳州路远，三百里之遥，满头白发的欧阳修揣着一颗受伤的心，决意此生再不回京师。

自此，举家搬迁。

宋神宗几番苦劝，依然留他不住，最后，只留下欧阳修的儿子欧阳发。

玉楼春·蝶飞芳草花飞路

蝶飞芳草花飞路。把酒已嗟春色暮。当时枝上落残花，今日水流何处去。

楼前独绕鸣蝉树。忆把芳条吹暖絮。红莲绿芰亦芳菲，不奈金风兼玉露。

欧阳修此时的痛苦已然不似曾经的心情。他只是对人性失望，对这个反复无定的世界失望。“蝶飞芳草花飞路”，一路蜂蝶飞舞，姹紫嫣红。举杯之时只能感叹春色已经将尽。那时枝上的残花已经消失不见，随着水流不知去往何处。一个人在楼前绕着蝉叫声声的树，心里却回想着曾经柳条轻摇，风吹暖絮。时光匆匆，已然红莲绿芰也是芳菲，只是可惜，如此芳菲却禁不得风霜雨露。

芳菲经不起风雨，只因它高洁。再绚烂的绽放也终会随流水而去。如果因为惧怕逝去，而拒绝绽放，那怎能有春色如许？也许这正是生命的本意吧。四时花开，四时花落。各自心事各自知，残花也有其心事，软絮柳枝都曾入花梦一场，风吹雨打终化作春泥，默然随春逝。

越是高贵的灵魂，越经不起污蔑。正如越是清净洁白的花瓣，一旦被踩踏，比青草更不能看。这是脆弱，也是一种坚持。欧阳修不能原谅，也无法释怀。一个人如果无处可供人指摘，那么小人自然会这样去构陷。薛宗儒在史上留名如此之臭，却意外地影响到了欧阳修的人生轨迹。如果不是这样一次伤害，欧阳修也许可以活得更久一些，老年之后，其集大成的文章诗词也许更达观、更自在。每一次的伤害，都是对欧阳修生命的损耗，这一次的打击，直接让欧阳修选择退隐亳州，灿烂绚丽的光华岁月，就这样戛然而止了。

最为欧阳修难过的是苏轼，还有一众受其恩泽指点的门生，他们自此失去一位精神上的导师。无数拿着文稿向其自荐的才子，也失去了一位心细如发、全情支持他们的伯乐！求而不得其门，其情也悲！

不道物新人渐老

曾经的文章太守，如今白发苍苍，内心破碎如琉璃。

他远离了京师——那个让他痛苦的地方。远离了一众小人与君子，远离了一众俗务与公事，终于，他再次属于自己。

厚积薄发的生命，在亳州再次焕发生机。在这里，他的智慧用来管理亳州已经是绰绰有余，爱民如子，亲力亲为，不因自身情绪而影响公事。在这里，他依然是那位令扬州、滁州百姓难以忘怀的醉翁。这时的欧阳修，开始编写自己的《归田录》。

归田，归田。一切尘埃落定之后，方才会想到归田。

这是一部回忆录，更是一部人生故事的缩写。走过了太多山水，见过了许多人事，品尝了太多美酒，听过太多乐曲，恍惚之间，已然是白发满头。越是清冷，却是自醒。对于这一生，欧阳修可以说是未浪费一分一秒。曾经的他跟谢绛说："平生所做文章，多半在三上。"哪三上？马上，枕上，厕上。这样的零碎时间里，他用来构思立意。由此可知，其用功多在细微处。

他的性格，在仕途中表现得十分正直，眼里揉不得沙子。越到晚年，其担任的职务越重。身处京师的儿子欧阳发，每日书信请安问好不断。时刻惦记着恩师的门生们更是一有空闲就上门来探望欧阳修。

玉楼春·酒美春浓花世界

酒美春浓花世界。得意人人千万态。莫教辜负艳阳天，过了堆金何处买。

已去少年无计奈。且愿芳心长恁在。闲愁一点上心来，算得东风吹不解。

已是如此身份，生活中的一切都是富足而华贵。酒美春浓的花花世界里，得意得志之人姿态千千万。只是别辜负了如此的艳阳天，天气如此之好，岁月如此美丽，一旦逝去，再多金银也买不回来。少年时光已经逝去，也无计再回归。只愿心如少年不言老。一点轻愁、一丝愁绪漫上心来，东风不解这愁绪，吹不开也拂不去。

酒美春浓，浓郁的酒香、满满的春意扑面而来。花世界，如花充盈，如花绽放。喝酒聊天之人姿态各样，千万种姿态无端引人思索，可知尽兴尽情。这样好的时光，这样好的阳光，清风在畔，艳阳高照，花团锦簇的时光里，无法保留，也无法保存，只能是尽情享受，尽情欢乐。少年时光倏忽而逝，一去不复返的是时光，也是心情。只能希望自己不要失去这豁达的心境，不要失去这爽朗的笑声。但再如何，心中还是无法如少年一般自在通透、无一丝阴影，东风吹不解，那就自在看待，一切都会过去。

欧阳修在亳州的日子，平稳而充实，他的心情也开始慢慢平复，身体似乎也开始好转。《归田录》的写作，让他忆起太多曾经的欢乐，也想起了无数山水美景。当生活不再有新的景色时，回忆就成了最美的风景。《归田录》里，各样人生，各种风景，如画卷般铺开，生动有趣，不一而足。心境开阔了，欧阳修的《六一诗话》也开始编写。他用这一本诗话来点评唐宋文人，作为一本空前的文学评论史上的诗话，欧阳修点评中肯，处处精当。

也是在神宗熙宁二年，即公元1069年。王安石在宋神宗的支持下，开始推行新政——青苗法。其实欧阳修早已在欧阳发的请安信中了解到了这一事情。而变法中，王安石对于欧阳修有着很大期待。他知道欧阳修曾经几次推行新法而失败，更了解他内心深处爱民如子。但是没有想到的是，欧阳修却对青苗法持反对态度。

作为朝廷重臣，他知道自己一举一动都会有着非同小可的影响力。他在民间，受人敬重，其社会影响力非同一般，而其门生遍天下，也让他的态度成为了宋神宗和王安石的关注重点。如此一来，欧阳修的态度让整个朝野都十分关注。实际上，王安石的青苗法本意是为民考虑，但由于青苗法需先向农民放贷。在操作过程中，官员雁过拔毛，反而让农民受损失。

欧阳修历经两朝，自然明白其中关键，再好的政策如果没有一个可信赖的执行者，终会变味。于是，欧阳修利用自己京东东路安抚使的权力，下令管辖范围内禁行青苗法。此话一出，王安石几乎以为自己听错了。宋神宗也难以理解，他毕竟不如曾经的宋仁宗和宋英宗了解欧阳修，他只能得出结论，欧阳修经过上次诬陷之后，已然变了。

玉楼春·南园粉蝶能无数

南园粉蝶能无数。度翠穿红来复去。倡条冶叶恣留连，飘荡轻于花上絮。

朱阑夜夜风兼露。宿粉栖香无定所。多情翻却似无情，赢得百花无限妒。

“南园粉蝶能无数”，无数的粉蝶穿行飞舞，在花红柳绿中往来复去。枝条轻摇慢摆在柳梢头。朱色的栏杆夜夜风露，粉蝶无处居住，处处流连。越是多情却似绝情，反而让百花妒忌，以为无情自私。每一首词都代表着词人的心绪。人间很多事情就似多情转无情。在花看来，蜂蝶穿梭，居无定所，最是无情。而实际上，蜂蝶居无定所，只为百花而忙，却最是多情而无怨尤。

不同的角度，不同的结论。欧阳修此时自称六一居士。越是老来，越不在意他人看法，人生已是暮年，再多的功过是非，都留待后人解说吧。他只愿意做自认为对的事，而不再期待他人的理解。时光终会证明一切，盲目的推行新政，本意是好，却未考虑民生多艰，稍有差池，官府永远是受益者，而民众却已是一败涂地。

玉楼春（题上林后亭）

风迟日媚烟光好。绿树依依芳意早。年华容易即凋零，春色只宜长恨少。

池塘隐隐惊雷晓。柳眼未开梅萼小。尊前贪爱物华新，不道物新人渐老。

风来迟迟，阳光明媚烟光好。绿树成荫花意尚早。年华太容易逝去，才来便近凋零，如此春色只是太少太短。池塘隐隐有着惊雷声响，柳树连芽眼都未长开，梅花更是小到几乎看不到。举杯最爱看新生的事物，但每一看到新物，却只觉人渐老渐衰渐迟缓。年纪渐大，身体的衰退几乎是不可违抗的铁律。而此时的欧阳修甚至不能像其他老人一样，安心享受自己的晚年生涯。他还要参与政事，即使坚辞却依然不被批准。

夫人陪在身边，门庭不似从前一般热闹，但时时有人探望。老友已经少来了，都上了年纪，如何能经得起这样的奔波。也是，离开了京师，便离开了喧闹，自然也少了很多的慰藉。哪怕是独坐，至少内心清明。到他这样的年纪，还稀罕什么热闹？山水自是有真意，人来时，山也静；人去时，山亦静。“不以物喜，不以己悲”，这还是多年前范仲淹的句子。也不知道，范仲淹如今又是如何。不过，再如何，也一样是人渐老，相见不如相忆。幸好，这一世，未蹉跎了岁月，也结交了知己。岁月渐寒，而内心温润。

没有人知道，这位操劳一生的醉翁，多想恣情洒脱，一醉解千愁。“醉里山河好，世物天然新。”欧阳修心中明白，自己这样反对变法，自然会让王安石与宋神宗心生不满。但他也明白，再多的解释也是多余，人终归会老去，待他们到了自己这般年纪，自然会明白自己的心意。其实他的内心也是明白的，王安石比之自己，更务实，更精干。而他自己则自然有一种享受生活的性情，他的性情与苏东坡更相投。

但欧阳修也明白，每个人的性格都有局限，他举贤并不在意与自己相投与否，他只在乎是否能于江山社稷有益。不以自身喜好为之，不为自身为苍生。再多的误会也无妨，醉翁如斯，有琴，有书，有天地，便是人生。不如醉里忆流年，任往事如水，慢慢浸过这衰老的身躯，留下的是他人不解的达观与自在！

富贵浮云，俯仰流年二十春

人生像一位调皮的魔术师，你心心念念渴望得到时，他不予。你心无波澜之时，他却一再强塞给你，不让你拒绝。

欧阳修早已过了期待他人肯定的时间，但这世间因果如栽树，勤恳正直的人总能有满意的收获。后来的他，因未支持青苗法改任蔡州知州（即今河南汝南县）。神宗熙宁三年，除宣徽南院使等职，坚持不受。不受，不要，不再留恋。他其实早已经不再需要这些身外之物。欧阳修的名字，早已经比那些官职称谓更深入人心。天下歌者众，人人唱欧词。

蔡州与颍州相邻。欧阳修在他最后的官职上，依然勤恳，依然务实而精干。他的情绪不影响公事，他的得志与失意也从来不影响他的兢兢业业。这正如曾经的他，哪怕与张方平历有嫌隙，但遇到才子之时，依然能秉公推荐，不以私情而耽误国事。蔡州见证着这位老人的宽容与睿智，却给不了老人健康。好在颍州近在身边，欧阳修得空便去西湖边坐坐，那里有他的庄园、他的湖水和他往昔的回忆。

神宗熙宁四年（1071 年）六月，欧阳修以太子少师的身份辞职，居颍州。

渔家傲・十一月新阳排寿宴

十一月新阳排寿宴。黄钟应管添宫线。猎猎寒威云不卷。风头转。时看雪霰吹人面。

南至迎长知漏箭。书云纪候冰生研。腊近探春春尚远。闲庭院。梅花落尽千千片。

十一月在太阳下举办寿宴。“黄钟应管添宫线。”天气寒冽，云层舒展。风头一转，雪粒吹人面。寒冷的季节里，太阳短暂。已近腊月了，离春天到来还有时日。庭院里，梅花一片片纷飞，如铺了碎玉千片。寿宴之上，心思却薄淡。欧阳修返璞归真之时，越接近山水真意。

门生们的贺喜、雪片般的书信、还有儿孙绕膝的天伦之乐，这些都是欧阳修放不下的温暖和牵挂。一生操劳，欧阳修终于在颍州西湖边寻得一处清净。春来，雾如雨，映照芳草。夏至，荷花如盖，亭亭玉立，泛舟游湖，回忆与现在一样安稳而静美。秋风起时，落叶金黄，天高云淡，风如碎金，吹拂白发，吹散心头如丝思绪。冬雪，山水画，白间黑浓，雪映冰湖琉璃碎，平滑如静，冰纹依稀。这样的时光里，欧阳修会记起自己写过的《采桑子》吧。

整整十首，全是写着颍州西湖之美。此刻岁月偷换，不知此时的心境是否还如过去一般惬意通达。更不知，老去之后衰老的视力再看这曾经的山水，是否另有一番美妙？欧阳修的诗风意象，一改唐朝时的浮夸绚丽。他爱好韩愈的诗歌，他提出“诗穷而后工”。所以他的诗，贴近生活，用词简易，甚至与西昆体文人的作品相比，欧阳修的生活意味更浓。生活永远是诗歌最好的养料，不能脱离现实，而应从生活中去寻找诗意。

桃源忆故人·莺愁燕苦春归去

莺愁燕苦春归去。寂寂花飘红雨。碧草绿杨岐路。况是长亭暮。

少年行客情难诉。泣对东风无语。目断两三烟树。翠隔江淹浦。

忆故人时，黄莺愁闷，燕子苦楚，春亦归去。寂寞之时花亦飘零。青草碧绿杨柳歧路，依然是长亭暮色了。少年行走之时客情难以言表，只能无语泣对东风。眼看着烟树两三，看远处翠色隔江淹没江浦。每当思念往事之时，一切都是愁闷苦楚。往事悠悠，一切甜酸苦辣皆成回忆。

生活不是枯燥的经书典籍，生活就是一阵清风，一缕阳光，一朵花开，一句吟唱，不以哀愁而寻哀愁。也是因为这样，欧阳修的词里，多的是对现实的反省。《食糟民》如他写过的弹劾书，声声控诉，句句血泪，为何种粮之民反而只能以酒糟果腹？士大夫应该有所觉醒，有所改变，一味在诗中春悲秋伤，如何对得起泱泱民众？欧阳修的《边户》里，是行使辽国之时在宋辽边境的所见所闻，两国交界，各为倾轧，民生艰苦，难以为继。欧阳修写景不为写景，景中饱含个人际遇与内心情感。这样的立意也就让他的诗词与西昆体完全不同，更为深切。

采桑子·画楼钟动君休唱

画楼钟动君休唱，往事无踪。聚散匆匆。今日欢娱几客同。

去年绿鬓今年白，不觉衰容。明月清风。把酒何人忆谢公。

越是人生暮年，越是知晓一切都是虚空。画楼钟动时，君暂别吟唱。此时往事如云，已然无踪迹。聚也匆忙，散也匆忙，今天一日欢娱又有几位客人是与昨日相同？去年还留有一些黑色的鬓发，今年已经全白，不知不觉间，却已经是衰败了容颜。明月清风千百年来如斯变化，不知哪年哪月还会有人忆起曾经的谢公。

生而为人，本已是难得的缘分，何况还能有机会读书习字，交知己见山水。但人生聚散太匆匆，还没来得及细细品味生活给予自己的百般滋味，不知不觉间已经是白发满头。都说回忆之时，便是年老之时。看过的风景、经过的人事，在年老之时，都变成了不间断回放的山水画，记载着曾经，也提醒着再不归来的时光。

欧阳修每日在颍州西湖边漫步，白发苍颜，因为年老而愈加模糊的双眼看着这山、这湖、这如斯美景，有时笑容会出现在他的脸上，有时却是沉思。往事无踪，却留下了清晰的回忆在心中。如果一切终将逝去，那么醉翁，那么六一居士，那么平山堂代代来观赏的文人墨客却会是时光流转中的永恒。聚散匆匆，一切随缘。

别后不知君远近，触目凄凉多少闷

人生到了暮年，花开花落时想起的也是曾经的风景。不再跃跃欲试新的事物、颤颤巍巍地听着曾经的曲子、丝丝入味地品着曾经的淡酒，也不会特意去寻找过去，但过去却如影随形，一不小心，曾经的回忆就温暖了今天的苍凉。

此时的欧阳修，已然老态龙钟，行动迟缓。九月，苏轼与苏辙惦记着自己的恩师，相约来探望。欧阳修得知消息自是喜出望外，在这位德高望重的文学大师心里，自己一生有这样的两位学生，已然是欣慰至极了。苏轼与苏辙前往颍州探望欧阳修，见到的是白发如银、老态毕现的老师。词句总比词人来得恒久，老师写下的词还那样鲜活，然而老师本人已经如此苍老。岁月沉淀到最后，陪伴老去的总是寂寞二字。

哪怕是欧阳修这样的大家，他住的院子里也变得空落无人气。老人喜静，而世间所有老人到了暮年，生活的背景都是安静的时光。两位学生的到来，给欧阳修带来了内心深处的喜悦。炯然有神的眼睛热切地看着自己的两位学生，时光似乎回到了传道授业的曾经。越是内心丰盈的灵魂越是寂寞，因为内心的丰富所以映照出现实的寡淡。苏轼与苏辙已然能察觉恩师的身体早已是风烛残年，两位学生能做的就是陪伴着恩师，笑语相随。然而背地里，学生们却四处打听着是否有好方子、好药材。

只是在当时的年月里，人们更相信神鬼天地的力量，相信自以为是的想象。人们认为以形可以补形，以物可以补物。比如人们不知蝙蝠夜视是因为超声波，于是想象着蝙蝠的粪便是夜明珠，相信这些排泄物可以让人清肝明目。欧阳修和两位学生看着打听来的方子和充满想象力的药材，那些自以为是的逻辑和想象，平白给他们聊天增加了许多笑料。

生命自有其规律，他们能做的就是让恩师每天开怀大笑，哪怕是做出些不符合各自身份的事。从这个角度来说，欧阳修一生当得起敬重二字。两位学生为了让他开心，专门陪伴恩师秋游西湖。为了恩师一笑，名满天下的苏轼插花起舞，似曾经的彩衣娱亲，这只为给恩师一个生日惊喜。也只有苏轼才有这样的潇洒劲头吧，似欧阳修年少时一般洒脱放达。苏轼也是欧阳修最喜欢的门生。他见其文已经深知三十年后，时人只议苏轼，再不识欧阳修。苏轼感慨其恩泽与知遇，所以哪怕是千里之遥，一样远道而来，只为早日来到颍州，能多陪伴恩师几日。

“画楼钟动君休唱，往事无踪。聚散匆匆。今日欢娱几客同。”这是欧阳修写的词，时光一直未动，流逝的是我们必将失去的生命。但生命不论几回聚散，在人生的暮年里，依然有人愿意为自己千里奔忙，已然是不枉这一生。欧阳修感叹聚散，但更感怀学生们的心意。天下门生聚，欧阳修寂冷的院子里满满都是祝福自己寿比南山的话语，哪怕是明知不可能，也足够让欧阳修老怀安慰了。十年树木，百年树人，欧阳修之于北宋的意义就在于他的知人之智。如果没有欧阳修，王安石、苏东坡、曾巩等等让后世仰望的名字怎会出现？唐宋八大家，有三人是欧阳修的学生。人生如此，当不悔矣！

到了这样的年纪，欧阳修不会再纠结于时间长短，不会再沉浸于世事纷争，即使身体已经如此病弱，也至少能看到这每一日的日升月落，草长莺飞。曾经有人说过，人生的教育应该要从墓地开始。只有知道了自己的归宿，才能明了自己的本心。陪伴一位时日无多的恩师，这样的陪伴带着痛感，也带着感恩。每一日的相聚都是上天的恩赐。而时光在最初赋予给欧阳修才华，在他生命的暮年又再次慷慨地给予了这位老人豁达的心境。

欧阳修曾经教导他们如何为人，如何作诗，如何描绘人生。而今暮年的欧阳修，却用每一天的相处在告诉学生们，如何去告别，如何才是无悔的一生。托付的内容已经不再重要，因为说出口的每字每句都是老师对学生的期望。学生们泣泪交流，相聚的日子如此短暂，而离去之前老师交代的每一句都可能是留给自己的最后一句。苏轼和苏辙重重地磕头，记下了字句，却填不满心中的挂念。

学生们走后，欧阳修婉拒了宋神宗让他出席祭祀大典的邀请。他不信这些神鬼之说，如此糟糕的身体状况也负担不起这样的奔走，他只愿拖着病体，静静地品味着生命暮年的时光。他像一位即将远行的行者，默默地开始收拾自己一生的行李，一字一句编写修改着《六一诗话》，编写着这部汉族文学理论史上第一部以“诗话”为名的著作。在《六一诗话》里，返璞归真的他主张“事信”，即艺术也应具有与生活相同的真实性。他认为诗歌不应该仅仅是一种艺术表达，也应该具有史传著作之用。

自他开始，诗歌从个人情感的寄托拓展出了新的高度，不再刻意强求言语的雕琢，意新语工即可。时光转眼到了熙宁五年三月，好友赵概特意从南都过来探望他，欧阳修邀请吕公著一起为他接风。从最初的互不理睬到今天的相见恨晚，缘分总是让人捉摸不透。热闹的聚会、好友相聚的畅快，让三人相约来年再见。只是这个来年，却再也没有来过，此次一别，好友们从此天人相隔。

圣无忧·世路风波险

世路风波险，十年一别须臾。人生聚散长如此，相见且欢娱。

好酒能消光景，春风不染髭须。为公一醉花前倒，红袖莫来扶。

世事如路风波转，十年一别却如一瞬。人生聚散皆是如此，能见一次那便欢喜一次吧。美酒佳酿最能消磨时光，春风不沾染胡须。“为公一醉花前倒，红袖莫来扶”。好酒需醉，不需扶，相聚如此，离别更是如此，醉里相见亦相别，酣畅淋漓最相宜！

人老去了便是如此，见一次少一次。甚至根本猜不到哪一次见面便成永别。时年，欧阳修迎来了自己的六十五岁寿辰。不喜豪华奢侈的欧阳修哪怕在这样的大日子里，再一次选择一切从简，家人相伴，如此而已。

过了几日，《居士集》五十卷终于编定。欧阳修似放下了心中最牵挂的事。不久，病痛齐发，起身不得。这位醉情于山水之间、平生最爱游历的欧公，此刻也被困于床榻动弹不得。生命如风吹过，花枝摇摆，动荡一时，最终都是长久的寂静。欧阳修看着奔忙着急的家人们，内心却是无比清明。他唤来四个儿子：“韩公与我一生相知，出处进退，无不了然。我死之后，就请韩公为墓志铭。”儿子们痛哭流涕，早已哽咽不能言，只能重重点头，泪眼模糊地看着父亲衰败的面容。欧阳修性格宽和，不偏不倚，几十年寒暑父子情深，此刻即将永远失去，儿子如何不痛哭？

生命的最后时分，欧阳修向儿子们要来纸笔。颤抖的手似乎拿不起这羊毫。终是颤颤巍巍落下。自此，人世间关于欧阳修三个字的，只剩下一具衰败肉身和这四句墨痕未干的绝句。

冷雨涨焦陂，人去陂寂寞。

惟有霜前花，鲜鲜对高阁。

欧阳修收拾了一生行装，独自一人去往未知的远方。描绘了无数春光美好的欧阳修，在生命的最后，却是“冷雨涨焦陂”。寒冷，焦陂，无不凄清。人离去，陂从此寂寞无人问。但还是有花的，霜前花朵，鲜鲜如初，生命蓬勃的力量一展无遗。也许欧阳修最后的视线里，曾经见过的无数山水楼台映在眼前。他的丰乐亭，他的平山堂，他的欧公柳，他的醉翁亭，都在中华大地上生机勃发地存在着。人们踏青时看见，人们欢歌时相伴，柳色如许，伊人已逝。

去年绿鬓今年白，不觉衰容。明月清风。把酒何人忆谢公。

熙宁五年闰七月二十三日，六十五岁的欧阳修病逝于颍州家中。“把酒何人忆谢公”，欧阳修还是未真切地了解自己的存在意义。哪怕是过了千年，人世间依然有他的名字传唱。衰老的永远只是面容，逝去的永远只是肉身，他写下的词，他吟诵的山水，都如春色永存，“鲜鲜对高阁”。

痛哭的有家人，还有他的天下门生。这样一位恩师，对于有真才实学的后生极尽赞美之能事，甚至能称得上是“千古伯乐”。

苏轼、苏辙、曾巩、张载、程颢、吕大钧、包拯、韩琦、文彦博、司马光等都是经他提点而名扬天下之人。如此多的旷世大儒，如此多的北宋名臣都是在布衣之身时为其所提拔。在他的指点下，王安石、曾巩、苏洵、苏轼、苏辙等人的文风得以变化完善，平易之风，一直流芳至元、明、清。即使身居高位，欧阳修依然平易近人，才子只需携稿叩门即可与其见面，其逝后，谥号文忠公。没有欧阳修坚守大节的道德文章、自觉勤恳的自律修身，何来中华文化的传承与灿烂？

在其之后，黄庭坚、秦观、晁补之、张耒尽受其余荫，更不消说“中国11世纪最伟大的改革家”王安石。一代名臣，千古伯乐，文章太守，世间若无欧阳文忠公，何以拥有宋代如此文化盛宴？

天子休朝一日以示悼念，无数惊悉讣闻的好友与学生难以置信。苏轼此时身在杭州，距颍州太远，他“匍匐往救”，内心遗恨难休。而离颍州较近的苏辙，日夜兼程从陈州赶赴恩师灵堂，致祭文时痛哭难已，几乎昏厥。八月十一日，朝廷赐欧阳修“太子太师”之衔。欧阳修生前遗愿是葬在母亲身边，但身为朝廷大臣的他，按规制只能葬于汴京周围五百里范围之内。妻儿扶柩，行号巷哭，欧阳修此生至交韩琦按他的遗愿亲笔写下祭文，在开封府新郑县旌贤乡刘村为欧阳修盖棺立碑。“去年绿鬓今年白”，而今知音已去，天地同悲！

至此，人间再无欧阳修，而人间永存欧阳修。

后 记

欧阳修伟大的灵魂里，总一颗不平凡的心。骈文华丽之时，他已然醉心于韩昌黎；众人汲汲于一处时，他已然选择革新与独立。一身才华，尽付于推行新政、开诗词之新风。锐气如刀，几番沉浮，人生悄然而至暮年。门生满天下，开唐宋文化之清流；旧词开新面，文华流芳影响数百年。

世间的先锋总是寂寞，诗词再美，依然受小人侵扰。用心再善，世人的理解依然姗姗来迟。待得其逝去之后，朝野与世间才恍然明白明珠痛失：

绍圣三年（1096年）五月，再追封兖国公。

崇宁三年（1104年），改封秦国公。

政和四年（1114年），改封楚国公。

后人评论与门生纪念如潮。赵祯：如欧阳修者，何处得来？王安石：如公器质之深厚，智识之高远，而辅以学术之精微，故充于文章，见于议论，豪健俊伟，怪巧瑰琦。其积于中者，浩如江河之停蓄；其发于外者，烂如日星之光辉。其清音幽韵，凄如飘风急雨之骤至；其雄辞闳辩，快如轻车骏马之奔驰。世之学者，无问乎识与不识，而读其文，则其人可知……然天下之无贤不肖，且犹为涕泣而歔欷，而况朝士大夫，平昔游从，又予心之所向慕而瞻依。苏轼：三过平山堂下，半生弹指声中。十年不见老仙翁。壁上龙蛇飞动。欲吊文章太守，仍歌杨柳春风。休言万事转头空，未转头时皆梦。论大道似韩愈，论事似陆贽，记事似司马迁，诗赋似李白。朱熹：欧阳公作字如其为人，外若优游，中实刚劲。

读欧阳修的诗词，如抚岁月尘埃，打磨璞玉光华，领略千古文章一大家的风采。品欧阳修的人生，见证起落间倜傥的选择，见证流水时光里何为永恒。王权，江山，世事……皆不及诗词流淌悠长。如果疑惑，莫怕，坚持自我“不及林间自在啼”；如有犹疑，莫忘“相见且欢娱”，且活当下，不问归程，不思往事，豁达通透方有自在人生！

追忆一代文豪的过程是幸福的，也是这个夏天我最美好的回忆。本书在写作过程中，得到了多位朋友和老师的大力支持与帮助，不能于封面一一署名，在此表示深深的谢意，他们是陈雪、杜馨、贺艳琨、胡蝶、姜日锋、李寒冰、张泽、王琳、王欣然、王瑶、李双龙、刘万彬、吴京京、王伟荣。感谢各位不辞辛劳查阅资料、协助创作并给予指导。最后，愿文字里能散发出光焰，照亮你我。